JN145679

平塚柾緒
Hiratsuka Masao

太平洋戦争裏面史

# 日米諜報戦（スパイ）

勝敗を決した
作戦にスパイあり

ビジネス社

# はじめに　日米の情報機関の歴史

# 日本を圧倒したアメリカの諜報組織

## 「ブラック・チェンバー」に敗れた連合艦隊

　暗号解読や通信解析といった無電諜報が、軍事に利用されるようになったのはそう古いことではない。日本では日露戦争中の明治三十七年（一九〇四）に、ロシアのウラジオストク艦隊が日本の太平洋岸を回り、東京湾の南方から駿河湾方面にまで進出して通商破壊戦を展開したことがあったが、そのとき日本の軍艦はロシア艦隊が発進した電信を傍受し、その行動を追跡していたという実績を持っている。だが、無電を傍受して敵の暗号を解読し、戦略や戦術に利用するようになったのは第一次世界大戦からで、日本もアメリカもスタートはほぼ同じであった。

　米陸軍が「MI－8」と呼ばれた暗号解読室を初めて設置したのは大正六年（一九一七）六月で、ハーバート・O・ヤードレー少佐が責任者に就いた。スタートは三人の助手だけだったが、翌年には早くも年間予算一〇万ドル、スタッフ一五〇人の大組織にふくれあがっていた。そして、まだ二〇代ながら暗号解読の天才といわれていたリバーバンク研究所の遺伝学者であるウィリアム・F・フリードマンのもとに八〇人の将校を送り込み、暗号解読者の養成に乗り出している。

「MI－8」は、のちに「ブラック・チェンバー（機密室）」として知られるようになるが、ヤードレーが最初に命じられたのは日本の外交暗号の解読だった。ヤードレーはのちに『ブラック・チェンバー』という内幕本を書いてアメリカでは発禁騒動まで起こしたが、それによると大正十年のワシントン海軍軍縮会議では、東京とワシントンを行き交った約五、〇〇〇通の暗号電報をすべて解読していたという。

暗号の天才と言われたハーバート・O・ヤードレー。

日本代表団の手の内をすべて知り尽くしていたアメリカ側は、日本の戦艦保有率を対米六割に抑えることに成功し、「史上いかなる海戦が沈めたより多くの戦艦を紙の上で沈める海軍軍縮協定の調印を可能にした」（エドウィン・T・レートン『太平洋戦争暗号作戦』毎日新聞外信グループ訳、TBSブリタニカ）といわしめている。

ちなみにレートン少将は、大佐時代は米太平

日本の戦艦保有を対米６割に抑えられたワシントン会議の軍縮専門委員会。

洋艦隊司令部の情報参謀で、日米開戦のときはキンメル長官の情報参謀として日本の真珠湾攻撃を経験し、以後はチェスター・W・ニミッツ長官のもとで終戦まで情報参謀を務めた軍人である。

ところが昭和四年（一九二九）五月、ヘンリー・L・スチムソン国務長官は「紳士たる者、みだりに他人の親書を読むものではない」と、ブラック・チェンバーへの予算支給を中止し、機関を閉鎖してしまった。怒ったヤードレーが暗号解読の体験記（前記の『ブラック・チェンバー』）を書いてスチムソンにしっぺ返しをしたのはそのためだった。

**開戦前に解読されていた日本の外交暗号**

ブラック・チェンバーが閉鎖されたため、米陸軍は新たに通信隊情報部ＳＩＳ（Signal

Intelligence Service）をつくり、民間人のウィリアム・F・フリードマンを初代課長に任命して暗号解読作業を続けた。このSISが、軍安全保障局（AFSA）と現在の国家安全保障局（NSA）の前身の一つになる。そして日本の外交暗号を破り、太平洋戦争開戦前の日本の外交暗号をすべて解読したのも、フリードマンのSISだった。

　日本の外務省は昭和十四年（一九三九）三月に新しい暗号機（九七式欧文印字機）二五台を作り、主要な在外公館に配布した。フリードマンのチームはこの新暗号機で作られる日本の最高機密外交暗号を「紫（パープル）暗号」と呼び、解読作業に取り組んだ。そして昭和十五年（一九四〇）八月に完全解読に成功するや、日本の暗号機の模造製作に挑戦し、ほぼ完璧なレプリカを作り上げてしまった。戦後、米軍が日本から〝紫暗号機〟を押収して解体検査をしたところ、数百にのぼる配線のうち、本物と模造機は接続が二カ所違っていただけだったという。加えて模造機は混線が少ない点で本物より使い勝手がよいこともわかった。

　そのレプリカが何台作られたかは公表されていないが、日米が開戦する一九四一年末までに八台が作られたといわれている。イギリスの伝記作家ロナルド・W・クラークが書いたフリードマンの伝記『暗号の天才』（邦訳・新潮選書）によれば、一号機はワシントンに置かれ、二号機と三号機がイギリスに供与され、四号機はワシントンの海軍管轄下に、五号機はフィリピンのカビテ軍港にあるアジア艦隊司令部に渡された。六号機と七号機は予備としてワシントンに置かれ、八号機は一九四一年の初秋に再びイギリスに送られたという。

日米開戦の折り、日本政府はアメリカ政府に対する〝最後通牒〟を駐米大使館に紫暗号で送信した。この日本の機密文書を傍受したSISはただちに暗号を解読し、その英訳文を国務省に届けた。そしてハル国務長官やルーズベルト大統領が日本の〝最後通牒〟を目にしているとき、日本大使館ではまだ英訳が終わらず、書記官がパチン、パチンとタイプを打っている最中だった。おかげでハル国務長官への〝最後通牒〟の手交は大幅に遅れ、「リメンバー・パールハーバー」「日本の騙し討ち」の米世論をつくる元凶になる。このときSISがすばやく日本の機密電を解読できたのも、フリードマンの模造機があったればこそだった。

ちなみに最初に作られた二台の模造機の制作費は六八四ドル六五セントというから、ルーズベルトは第二次大戦への参戦に反対していた孤立主義の米世論を、わずか数一〇〇ドルの経費で逆転させたことになる。

## 次々解読された日本海軍の暗号

陸軍の通信隊情報部が日本の「パープル」を攻略しているころ、海軍通信部＝OP－20－G（海軍通信部はOP－20で、暗号解読班はアルファベットでGと呼ばれた）もローレンス・F・サフォードを長に、彼らが「赤暗号（レッド）」と呼んだ日本海軍の暗号解読に全力を傾注していた。

当時、日本海軍の暗号は三カ所の暗号解読センターで行われていた。この無電諜報の中心になっていたのがOP－20－Gで、海軍省のNをとってネガト（NEGAT）支局という暗号名で呼ばれ、戦前の人員は文官と兵員を合わせて六〇人だった。これが旧海軍省ビル第六棟の一〇部屋に押し込められていた。次がハワイ真珠湾の米海軍無線情報センター（のちに「戦闘情報センター」と改称）で、ハイポ（HYPO）支局と呼ばれ、もうひとつがフィリピンのルソン島にある米アジア艦隊の母港カビテのキャスト（CAST）支局である。

昭和元年（一九二六）、OP－20－Gは「赤暗号」の解読に成功した。しかし、日本海軍が新しい暗号に替えたため、解読作業は一から出直しとなった。「青暗号（ブルー）」と名づけた新暗号の解読にはIBM計算製表機も初めて使われだしたが、それでも三年以上の年月が費やされ、昭和六年（一九三一）九月、OP－20－Gは解読の端緒をつかむことに成功した。

しかし、敵の暗号システムと味方の解読作業は常にイタチごっこで、日本の海軍暗号はその後もたびたび変更され、昭和十三年（一九三八）十一月一日には米軍がADと名づけた新暗号になった。この解読作業は真珠湾のハイポ支局に与えられた。解読には約一年を要し、どうにか文章を再現できるようになった昭和十四年六月一日、日本海軍はまたもや暗号を変更した。日本が「海軍暗号書D」と名付け、米軍が「AN」と呼んだ新システムの暗号である。

今までの日本海軍の暗号の中でも最も難解だったといわれるANは、のちに日本海軍の二五番目の暗号ということから「JN－25」と名づけられてOP－20－Gは必死の解読作業に入った。そして昭和十五年十一月に、どうにか解読のカギをつかむことはできたものの、完全ではなかった。

JN－25はその後も何回かの改定版や追加版が出されたが、太平洋戦争の全期間を通じて日本海軍の主要暗号として使われたため、フィリピンのキャストと真珠湾のハイポも加わって完全攻略に近づいていった。そして米太平洋方面総司令官兼米太平洋艦隊司令官のチェスター・W・ニミッツ大将の対日作戦の決定に大いなる貢献をしたのが、これらハイポとキャストの対日情報だった。この暗号解読や通信解析、開戦後は日本軍から押収した膨大な文書から得られた情報はコード名「ウルトラ」と名づけられて、指揮官の中でも特定された者だけに配布されていた。日本側に暗号を解読していることを悟られないための防御措置だった。

日本海軍の真珠湾奇襲攻撃で主要戦艦の大半を失うという大損害を被ったなかで、なんとか日本の連合艦隊に対抗しようとするニミッツ大将は、ハイポが解読した日本軍の暗号を縦横に駆使して劣勢を跳ね返そうと努力した。その代表的な初期作戦に珊瑚海海戦があり、ミッドウェー海戦があり、そして日本では「海軍甲事件」と呼ばれた連合艦隊司令長官山本五十六大将搭乗機の撃墜事件などがある。ハワイのハイポは、まさしくニミッツ長官の〝情報参謀〟となり、〝作戦参謀〟になっていったのである。

## 遅れをとった日本海軍の暗号解読戦参加

前記したように日露戦争でロシア艦隊の無電を傍受し、その行動をチェックするという先覚的功績を残していながら、日本の電信諜報は欧米先進国にくらべて大きな遅れをとっていた。いや第三国の外交・軍事に関する暗号解読の取り組みは、全くのおざなりだったといってもよかった。そのため第一次世界大戦後の日本は外交交渉でつねに遅れをとり、その象徴的出来事がワシントンの海軍軍縮会議だった。

日本が「暗号」に対して本腰を入れはじめたのは大正十一年（一九二二）のことである。日本はポーランドから暗号の専門家であるヤン・コワレウスキ大尉を招き、陸海軍将校への講義を依頼した。選ばれた将校は陸軍六名、海軍三名で、この中には日本の暗号部門の中心的存在になる海軍の伊藤利三郎中佐（のち大佐）もいた。

伊藤中佐は第一次大戦の際、日本が連合国の海上通商護衛のために派遣した第二特務艦隊の通信士官で、このときイギリス陸軍の戦場暗号を一人で解読してしまったという、暗号解読の天性の持ち主であった。のちに伊藤は軍令部第四部第九課長（暗号担当）になり、海軍の「赤暗号」や外交用の「紫暗号」の暗号機設計にもかかわり、列強に匹敵する優秀な暗号システムを作りあげた。だが、第三国の外交・軍事暗号を解読するための通信諜報に関しては、伊藤のような人材を擁しながら日本はそれを生かす組織も体制も作らなかった。

日本海軍が軍令部内に初めて無線傍受機関「第四課別室」を設置したのは昭和四年（一九二九）である。室長はコワレウスキ大尉の生徒だった中杉久治郎少佐（のち大佐）で、スタッフは士官二名、タイピスト三名という寂しさだった。川崎市の橘村受信所で傍受したアメリカの暗号電報の解読だった。しかし機関の拡充はその後も行われず、昭和十年ごろでも士官はわずか九名だったという。「第四課別室」が作られた一〇年も前に、アメリカがヤードレーを長に「ＭＩ－８」をスタートさせたとき、スタッフは一年後には一五〇名に増え、八〇名の将校をフリードマンのところに送って暗号教育を施したことを思うと、日本が「情報」が持つ戦略的、戦術的価値に、いかに疎(うと)かったかがうかがえる。

第四課別室が設置された当時の米海軍は、部隊間などの連絡には簡単な単一換字暗号（シンプル・サイファー）を使っていた。日本もこの単一換字暗号は昭和七年ごろにはすでに完全解読に成功していた。橘村では米国務省の発信する外交暗号も受信し、昭和七年ごろから解読の研究に入っていた。アメリカの外交暗号はＮＡＤＥＤ暗号（正式名称はGray code）と称する暗号書を使う暗号だった。しかし基本は一種の換字暗号で、一部制暗号書と二部制暗号書の二種類があった。一部制は暗号の作成と翻訳を一冊の暗号書でできたが、二部制の方は暗号作成と翻訳は別々の暗号書でやるようになっており、一部制にくらべるとはるかに難易度の高い暗号システムだった。海軍の第四課別室が挑戦していたのは難易度の低い一部制の方で、昭和七、八年ころには約五〇〇〇を超えるコード群を発見し、国務省の電報のおおよその意味は分かるまでになっていた。

昭和七年十月、第四課別室は軍令部第四部第一〇課（外国通信の研究）と第一一課（通信防衛）に昇格する。初代一〇課長には中杉久治郎大佐、一一課長には伊藤利三郎大佐がなった。このうち一〇課は昭和十二年二月から終戦までは暗号の担当になり、対米、対英、対中の暗号解読作業に従事していた。

第一〇課が暗号担当になった昭和十二年の春、現在の埼玉県新座市に無線塔が林立する白亜の殿堂が完成した。いわゆる大和田通信隊の本拠地で、日本海軍の無線は発信も受信もすべてこの大和田で行われることになった。もちろん外国の無電の傍受、方位測定もここで行われ、傍受無電は暗号解読班に回された。大和田の無電傍受網は北は千島列島から南は台湾、南洋群島までカバーする広範なものだった。米海軍のＯＰ－20－Ｇに相当する機関になったのである。

## 通信諜報戦でも完敗した海軍の暗号解読力

組織も設備も強化された日本海軍の対敵情報組織だったが、昭和十六年（一九四一）になって米太平洋艦隊がより難易度の高いストリップ方式と呼ばれる暗号システムに変更したため、日本の暗号解読はまったくのお手上げになってしまった。そして日米が開戦するや、軍令部は数学者や語学者を加えた数一〇名の専門家からなる特別研究室を作って、米海軍の暗号に挑んだが、結局、終戦まで解読の端緒すらつかむことができなかった。

日本が解読に成功していたのは、アメリカが輸送船団の行動報告に使っていたＢＡＭＳという多表式換字暗号と、潜水艦が一日三回（午前六時、午後一二時、午後六時）その位置を報告する簡単な略語通信くらいであった。残る対米通信諜報は、米艦隊の通信ぶりや無線の方向探知による所在の判定、輸送船、潜水艦の行動などから敵の新作戦の場所と時機、兵力の概要を予知する程度に過ぎなかった。

第二次大戦中のアメリカのOP－20－Gが五、〇〇〇名を超える人員を抱えた通信課報組織に発展していたのにくらべると、その成果もさることと、戦時下の日本の通信課報組織はお粗末としかいいようがない。暗号解読専門士官の組織的養成をしなかったことが最大の原因ではあったが、そこには陸海軍とも伝統的に対敵情報を積極的に戦略・戦術に活用するという姿勢がなかったことにある。

通信諜報に関しては海軍大学の教科にもなかったから、多くの士官は「通信諜報」という言葉さえ知らなかった。そしてアメリカでもそうであったが、職業軍人たちの多くは情報・諜報にたずさわっても昇進の役にはたたないと考えていたからという。

大和田通信隊をはじめ、戦時下の海軍の無電諜報組織の現場は、大半が外国語を専攻した予備学生出身者で占められていた。そして終戦近くには女子学生や二世まで動員していたのだから、仮に重要な暗号や通信を傍受したとしても、その価値を読んだり推測するということはできなかったに違いない。

終戦時は第五航空艦隊参謀長で沖縄作戦の指揮を執った横井俊幸（俊之）少将は、終戦後まもなく著した『帝国海軍機密室』で結論づけている。

「この目に見えない電波の戦いに敗れて、我軍は戦争の全部を喪ったのである。然しここで断言し得ることは英米のそれに較べて、我諜報組織や諜報技術が格段に劣っていたことである。完全な諜報組織は長年月の周密な研究と先見の下に必要な知能を動員して平時から全能力が発揮出来るように準備されていなければならない。何故ならば電波の戦いは時と場所とを選ばないからである」

　では、日本が米英蘭（アメリカ・イギリス・オランダ）を中心とする連合国と戦った太平洋戦争で、日米はどのような情報・諜報戦を行っていたのかを、日本が唯一成功させたハワイ真珠湾の〝スパイ森村正〟をはじめとする代表的な戦闘を通して振り返ってみたいと思う。

はじめに

日米の情報機関の歴史

# 日本を圧倒したアメリカの諜報組織

「ブラック・チェンバー」に敗れた連合艦隊……2
開戦前に解読されていた日本の外交暗号……4
次々解読された日本海軍の暗号……6
遅れをとった日本海軍の暗号解読戦参加……8
通信諜報戦でも完敗した海軍の暗号解読力……11

# 第1部　日本軍快進撃の終焉

## 第一章

スパイ「森村正」の孤独な戦い

## ハワイ真珠湾奇襲攻撃を支えた日本軍スパイ

帝国海軍の情報・諜報の総本部……22
選ばれた秘密諜報要員……26
ハワイに潜入したスパイ「森村正」……32
ハワイの日本総領事電を放置した米暗号解読班……41

米艦隊情報を続々送る秘密情報員 45
ついに届いた「新高山登レ一二〇八」 48
暗号を解読されるも警戒されなかった謎 52
猛攻にさらされた真珠湾の米艦隊 56
FBIに拘束された総領事館員 60

## 第二章

# マッカーサー司令部が確立した連合軍の諜報網
「アイ・シャル・リターン」の置き土産

日本軍占領下に残った諜報員たち 63
続々誕生していた抗日ゲリラ部隊 68
司令部に届いたゲリラ部隊の無電 71
完成するゲリラへの支援態勢 73
連合国を勝利へ導いたゲリラ隊の功績 75
マッカーサー司令部が確立した「連合軍情報局」 77
成功しなかったインドネシアでの工作 81
諜報員に救助されたケネディ大統領 83
多大な功績を挙げた二つの組織 85

第三章

# 珊瑚海海戦の勝者
# 米軍に漏れていた日本の「MO作戦」計画


日本軍のMO作戦計画 90
日本軍のMO作戦を捉えたハイポ 92
ツラギ島の日本軍攻撃に米機動部隊出撃 97
新鋭の軽空母「祥鳳」の沈没 99
敵空母に着陸しそうになった夜間攻撃隊 102
「翔鶴」被弾、「MO作戦」無期延期 105


第四章

# 米軍が手にした情報戦の勝利
# ミッドウェー海戦はなぜ完敗したのか


山本五十六長官に押しきられた新作戦計画 109
「AF」はどこか？ 米暗号解読班の挑戦 114
南雲機動部隊に届かなかった米機動部隊情報 118
目的はミッドウェー島攻略か敵機動部隊撃滅か？ 121
米機の奇襲で火焔につつまれた四空母 124

第五章
盗まれた零戦の機密
強敵「零戦」の秘密を解明した米軍
北方作戦の先陣を切ったダッチハーバー空襲 …… 130
対空砲火を受けて不時着した古賀一飛曹の零戦 …… 132
暴かれた「ゼロの秘密」と零戦対策の新戦法 …… 133

# 第2部 開始された米軍の反攻作戦

第六章
連合軍が布いた残置諜者網
米軍上陸前夜に消えたガ島の現地住民
ガダルカナル島の残置諜者と義勇隊 …… 138
日本に対するオーストラリアの危機感 …… 140
住民を組織していた三人の残置諜者 …… 142
あっさりとツラギとガダルカナル島を占領した米軍 …… 146
監視されていたラバウル航空隊の出撃 …… 149
銀星章を授与された義勇隊員 …… 154

## 第七章

伊一号潜水艦撃事件
### ガ島撤退作戦の陰で繰り広げられた海中の暗号書争奪戦

ガダルカナル島撤退はいかに行われたか …… 158
伊号潜水艦撃沈で暗号書が危機に …… 165
ガダルカナル島沖で展開された暗号書奪取作戦 …… 169

## 第八章

ダンピール海峡の悲劇
### 米軍に読まれた日本軍船団の行動

計画し、訓練された戦闘 …… 173
船団上空を飛び続けた哨戒機 …… 175
日本船団、海面反跳爆撃の餌食に …… 178
米軍、漂流生存者も射殺 …… 180

## 第九章

海軍甲事件と「ヤマモト・ミッション」
### ヤマモト機を撃ち落とせ！　山本五十六大将機撃墜の真相

解読された前線視察日程の暗号 …… 183

山本連合艦隊司令長官、ラバウルの前線に立つ　186
山本長官の前線視察に危惧を抱いた人たち　189
孔雀を撃ち落とせ！　ヤマモト・ミッションのスタート　194
作戦を明かされた日米の搭乗員たち　198
運命の日曜日のランデブー飛行　201
完璧だった米軍の「ヤマモト・ミッション」　205

# 第3部　日本軍の敗走

## 第十章　海軍乙事件
## フィリピン・ゲリラの捕虜になった連合艦隊参謀長

追いつめられる連合艦隊　212
防空壕の中で決まった司令部のダバオ移転　214
衝撃の無電「司令部一行消息不明」　219
ゲリラの捕虜になった連合艦隊参謀長　222
日本軍討伐隊に包囲されたゲリラ本部　224
連合軍の手に落ちた連合艦隊の㊙文書「Z計画」　228

## 第十一章 レイテ戦に大軍を投入させた幻の大勝利


台湾沖航空戦

ハルゼーの罠にはまる連合艦隊 …… 232

T部隊の相次ぐ「大戦果」に沸き立つ！ …… 234

我が艦隊は「敵に向かって退却しつつあり」 …… 237

戦局を狂わせた大誤報と海軍当局の〝戦争犯罪〟 …… 240

海軍の情報隠しはなぜ起こったのか …… 246


## 第十二章 原爆搭載艦「インディアナポリス」の轟沈


伊五八潜水艦の完勝

同じ日に出港した重巡「インディアナポリス」と伊五八潜水艦 …… 248

伊五八潜が潜む海面に突き進む重巡「インディアナポリス」 …… 252

伊五八潜から発射された六本の酸素魚雷 …… 255

アメリカの軍事法廷に立たされた橋本艦長 …… 258

あとがき …… 262

# 第1部　日本軍快進撃の終焉

# 第一章　スパイ「森村正」の孤独な戦い

## ハワイ真珠湾奇襲攻撃を支えた日本軍スパイ

### 帝国海軍の情報・諜報の総本部

東京の日比谷公園の隣りに、戦後、農林水産省の建物が建つ前は三階建ての赤レンガ造りの建物があった。その赤レンガの建物の正面玄関を入り、御影石の階段を登ると吹き抜けの石畳が広がる。海軍省のフロアだ。さらに正面の大階段を上って三階に上がると、帝国海軍の用兵の中枢である軍令部のフロアになる。

軍令部は四部門から成っていて、第一部が作戦担当で、第二部が軍備・警備、第三部が情報、第四部が通信・暗号の担当と分かれていた。これら四部は三階に部屋を連ねており、正面玄関に向かって一番右端に位置するのが日本海軍の情報・諜報を一手にさばく第三部（第三班ともいった）であった。

この第三部は第五、第六、第七、第八の四課からなっていて、大小四つの部屋を使っていた。三つある小部屋のうち部長が一部屋を使い、残る二つには米州担当の第五課と中国・満州担当の第六課が入っていた。そしてソ連・中近東・ドイツ・フランス・イタリアなどを担当する第七課と、イギリス・オランダ・ポルトガルの本国並びにその植民地（属領）、仏領インドシナなどを担当する第八課が大部屋に同居していた。

海軍のエリート集団でもある正規の軍令部員は、全員が参謀肩章を吊っていた。俗に「ナワ」とも呼ばれており、右肩から胸の中央に何本もぶら下がる黄色い飾りのある縄のことだ。第三部の一つの課は、そうしたナワを吊った主務者は課長の大佐を筆頭に、少佐や中佐の課員が二、三名おり、ナワを吊らない補助者（他のセクションからの出仕者）の大尉が一人か二人いた。しかし、これら正規の軍人たちは、軍隊の悪弊で型どおりの海上勤務を経験しないと出世できなかったから、たいていは二、三年で「栄転」という名目で艦艇に転勤していく。そのため各課本来の仕事は、私服を着た嘱託の課員たちが行うことが多かった。

帝国海軍の情報・諜報の総本部、平たくいえばスパイ大作戦を指揮する大元締めにしてはなんとも寂しく、お粗末のかぎりである。それでも平時ならたいした不自由も起こらないが、前年（昭和十四年）の七月二十六日にアメリカは明治四十四年（一九一一）に締結された日米通商航海条約の破棄を通告してきて、六カ月後の昭和十五年（一九四〇）一月二十六日に失効するという厳しい情勢にあるいま、本来なら情報部の拡充がなによりも優先されなければならなかったのだ。

しかし、伝統的に情報部門を軽視してきた日本の陸海軍には、本気で情報部門を充実させようという気はなかった。

ましてやこの年、昭和十五年は日中戦争は三年目に入り、加えてヨーロッパではドイツ軍が日に日に戦火を拡大し、四月にはノルウェー、デンマークに侵入、さらにオランダ、ベルギー、ルクセンブルグにも侵攻しようとしている。日本では陸軍を中心にそのドイツと同盟を結ぼうという動きが再燃しており、ドイツと戦っているイギリスを支援するアメリカは、そんな日本を牽制するかのように合衆国艦隊を米西海岸からハワイに進出させてきた。

昭和十五年三月三十一日、米海軍省は「合衆国艦隊の春季演習はハワイ水域で実施する」と発表、四月二日、参加艦船はサンディエゴ港をはじめとする米西海岸の根拠地を出航した。そしてハワイ北方海域で大々的な艦隊演習を繰り広げたのである。艦隊は、当初の予定では五月九日にハワイを発ち、西海岸に帰港することになっていた。ところが演習が終わった五月七日夜、米海軍作戦部長のハロルド・R・スターク海軍大将は記者会見を行い、「合衆国艦隊主力を当分の間ハワイ水域に残留する」と発表した。

軍令部にはただちにワシントンの駐米大使館付海軍武官の小川貫璽大佐から情報が送られてきたが、日本の新聞も五月九日付夕刊のトップで大々的に報じた。その見出しには「明かに対日牽制」といった文字も見えた。海軍省ビルの三階は衝撃につつまれた。軍令部員たちは奪い合うようにして夕刊に見入った。

朝日新聞「ワシントン特電七日発」は、こんなふうに書いていた。

「米海軍省は七日夜声明を発し、米艦隊のハワイ方面無期限滞留の風説を裏書きし、その理由として先日の大演習は終了したが、今後小規模の演習を行うはずであり、その他には滞留の意義はないと弁明したが、本当の理由は支那事変が容易に終息せず、日米関係が引き続き険悪状態を呈し、さらに蘭領印度問題も起こり、さらに極東に対する英仏側の海軍力が希薄になったこともあるので、米国は日本を威圧するために太平洋の艦隊を根拠地サンディエゴから二千マイル先の、すなわち極東に二千マイル接近するハワイ方面に当分残留することとなったものであるといわれている」

さらにワシントン特電は続けている。

「米海軍の艦隊が当分ホノルルに居座るとの報知はセンセーションを起こしたが、過般の演習には戦闘艦十一隻を含む大小艦艇九十隻が参加し、最初の予定では九日に抜錨 して太平洋岸に帰還するはずであったが、急に模様がえになったので全部帰還を見合わせることになったものである。なおホノルル方面に無期限に滞留する艦隊には航空母艦ヨークタウン、サラトガ、レキシントンが含まれ、太平洋岸で目下修理中の航空母艦エンタープライズも近くホノルルに向かうと伝えられる」

二日前の昭和十五年五月六日付で第五課長に就いたばかりの山口文次郎大佐は、「米艦隊ハワイ残留！」を報じる夕刊を前に、「これは、まずい」と思った。

主にヨーロッパを担当する七課、八課も相当な情報不足ではあったが、盟邦ドイツとイタリアの協力もあり、最低の情報を手にする手段は保たれている。しかし、アメリカ担当の第五課の情報収集の現状は惨憺たるものだった。米本土で活躍していた情報員たちはほとんどがＦＢＩや米軍諜報機関に動きを封じられつつある。ましてやハワイ情報となると、総領事館からの外交情報ぐらいしかない。これでは米艦隊の動向を探るどころか、艦艇数さえつかむことができない。

山口大佐の苦渋は、ワシントンの小川大佐の苦渋でもあったはずだ。山口は小川より海兵で二期後輩（45期）だが、二人はよく似た経歴をたどっていた。小川は駐米海軍武官補佐官や軍令部第三部第五課長（アメリカ担当）を経て駐米海軍武官になっていたが、山口も小川の後を追うように駐米海軍武官補佐官を経て第五課長になっている。いってみれば、二人とも対アメリカ担当諜報のエキスパートだった。そしてこのとき、山口は軍令部情報班のアメリカ担当の責任者であり、小川はアメリカ駐在諜報員の責任者（武官）だった。

二人の間でハワイの情報・諜報網確立が緊急課題になったことは間違いない。すなわち、海軍と艦艇の専門知識を持った者を現地ハワイに潜入させる必要があるということで話がまとまり、軍令部第三部ではただちに人選に入ったのだった。

## 選ばれた秘密諜報要員

軍令部第三部第八課に吉川猛夫（よしかわたけお）という私服の課員がいた。すでに八課に勤務して五年近くたっていたからベテランではあったが、情報部の仕事としては雑役に近いものを担当していた。主な仕事は太平洋地域から東南アジア一帯にかけての兵要地誌や兵要地図の編集事務と、イギリス艦隊の動静調査資料の保管などだった。

米艦隊のハワイ常駐騒動もようやく鎮まった昭和十五年五月も半ばのことだった、吉川は八課長の堀内茂忠大佐に呼ばれた。

「吉川君、五課長が話があるそうだ、ちょっと行って来い」

五課長がいったいなんの用だろう？　吉川は首をひねりながら五課の扉を押し、課長の山口文次郎大佐の前に立った。

「吉川、参りました」

私服ながら、吉川は自然と軍人口調になっていた。それもそのはずで、吉川はまだ二八歳の若さながら、海軍兵学校卒業の予備役少尉だったからである。

愛媛県松山市に生まれた吉川は、昭和五年（一九三〇）に海軍兵学校に合格し、海軍士官の道を歩みはじめた。同期生で四国から合格したのは彼一人というエリートだった。そして無事海兵を卒業した吉川は、昭和九年、憧れの遠洋航海に出たが、途中で盲腸炎を起こし、艦内で軍医の手術を受けた。手術はうまくいき、帰国後の昭和九年八月、少尉に任官して潜水隊旗艦の巡洋艦「由良」に配属された。仕事は暗号士見習いだった。その後、横須賀水雷学校に入って術科講習を修め、さらに霞ヶ浦の飛行練習隊に入ったとき、先の手術の術後が悪かったらしく、東京・築地の海軍病院に入院した。

病院は間もなく退院させられたが、いぜんとして体調は思わしくなく、二年間の自宅療養を余儀なくされていた。そして体調も元に復した吉川は、一日も早い部隊復帰を望んでいた。しかし、海軍からの連絡はない。吉川は松山の実家で悶々とした日々を送っていた。

そんな吉川に軍令部から出頭命令が届いた。吉川は希望に胸をふくらませて上京した。そして軍令部に出頭した吉川は、その場で予備役編入、即日軍令部嘱託、軍令部第三部に勤務せよという命令を受けたのだった。配属先は第八課で、イギリスやオランダなどアジアに多くの植民地を持つ国々の軍事情報の収集・分析機関だった。これが吉川をハワイの真珠湾へと結びつける運命の糸の端緒になろうとは、そのときの彼には予想もできないことだった。

そして五年の歳月が流れた。吉川が戦後に著した自伝『東の風、雨』（講談社）によれば、五課長に呼ばれた吉川は、次のように切り出されたという。

机の前に立った吉川に、山口大佐は素早く視線を走らせた。大佐は五月六日に八課長に就任したばかりだったから、吉川と個人的面識はまったくなかった。

「ああ吉川君か、キミにハワイに行ってもらいたいのだが、どうかね」

吉川には、藪から棒に「ハワイに行け」とはなんのことか、咄嗟には理解できなかった。なにかクーリエ（伝書使）のような仕事で、ハワイに行って来るくらいに思った。

「はあ、行きますが……」

「そうか、行ってくれるか。じゃ、これからアメリカの艦船について勉強してくれたまえ。そのうち外務省にも連絡しておくから。それから、このことは誰にもいわんでくれたまえ、親や兄弟にもな」

「はあ、承知しました」

「ところでキミは、家族の方には心配はないかね」

「はあ、ありません」

「うん、よし」

吉川は山口大佐に一礼して八課の部屋に戻った。そして山口大佐から命じられたハワイ行きの任務が単なる伝書使ではなく、もっと重大な任務らしいことは分かったが、まさかスパイとして派遣されるとは思いも及ばなかった。

数日後、吉川は再び山口大佐に呼ばれた。自伝を参考に再構成すると、大佐とのやりとりは次のようであった。

「これから外務省に出頭して、指示を受けてくれたまえ」

山口大佐はそういうと、声をひそめて語を継いだ。

「吉川君、キミにホノルル総領事館員になってもらい、しばらくあそこに滞在してもらいたいんだ。その手続きは外務省の方でしてくれるから、指示どおりに動いてくれ。端的にいえば、キミに偽の外務省員になってもらうことで話がついているから、身分の保証は問題ない。

キミも知ってのとおり、現在、日米関係はまことに険悪で、あまつさえ、わが軍令部が派遣している〝語学将校〟がアメリカの西海岸で捕まったりした矢先でもあり、米海軍や真珠湾の動静が十分に分からないんだ。キミには、それをやってもらいたいのだ……」

山口大佐の口調は穏やかだが、話の内容は全身が悪寒につつまれるような衝撃的なものだった。諜報員、すなわち日本海軍のスパイになれと、はっきりと命令されているのだ。吉川は首をうなだれ、じっと大佐の話に聞き入った。

「そこで、もしキミがＦＢＩに捕まるようなことにでもなれば、日米間は大変なことになるし、キミ自身もどうなるか保証はできない。

とにかく十分に気をつけてもらいたい。また、外務省でもキミの身分については一、二の人しか知らないから、言動にはくれぐれも気をつけてトラブルを起こさないようにしてくれたまえ。実際、外務省がキミの受け入れをなかなかウンといわなくて弱っていたんだ。ともかく敵を欺くには、まず仲間から欺けということがある。注意してやってくれ」

山口大佐はここで一呼吸をおき、急に思いついたとでもいうように、付け加えた。

「ああ、それから髪を伸ばしたまえ」

そういうと、大佐は「一、二、三……」と右手の指を折って数えながら、

「うん、今年の末ごろまでには生え揃うだろう」

と、吉川を見上げながらニヤリと笑った。

午前中は外務省に行き、午後は軍令部に戻ってアメリカの軍事調査という吉川の二重勤務がはじまった。外務省ではアメリカ局の調査部勤務ということになった。書記生試験には合格したことにされ、外務省の職員録にも「森村正」として正式に登録された。森村正はもちろん偽名であるが、「アメリカ人やイギリス人に発音しにくい名前がいい」という局長の発案だった。軍事課報員・森村正の誕生だった。

吉川の対米軍事調査が開始された。軍令部のスチール製書庫には、日露戦争後の仮想敵国アメリカに関する各種データや研究レポートがぎっしり詰まっていた。また、ワシントン駐在の海軍武官室が毎年入手して送ってくる大統領教書、海軍予算書、海軍士官名簿などの他に、『ネイバル・インスティテューション』『ネイバル・レビュー』『ネイバル・ステーション』といった公刊書や軍事専門誌もあり、艦隊編制はもちろん主要指揮官、人員配置、建造中の艦船の進捗状況などもかなり詳細に知ることができる。

当時の米艦隊は合衆国艦隊とアジア艦隊に区分されていた。主力は合衆国艦隊で、サンディエゴなど西海岸の軍港を根拠地にしていた。第二次大戦が勃発してからは、このうちの一部兵力を大西洋戦隊として東海岸に派遣していた。この合衆国艦隊がハワイの真珠湾を根拠地とする太平洋艦隊と大西洋艦隊に分けられるのは、前記したように一九四一年二月初めである。フィリピンのマニラを本拠地にするアジア艦隊は、これよりはるかに小所帯だった。中国の芝罘（しふう）（現・煙台）を根拠地とする駆逐艦中心の哨戒部隊、上海を根拠地とする揚子江砲艦部隊（日本軍が砲撃して大事件になった「パネー」号はこの部隊所属）などを含めても重巡一隻、軽巡一隻、第一次大戦に使った四本煙突の駆逐艦一三隻、それに潜水艦二九隻のミニ艦隊であった。

軍令部第五課にはこれら米艦隊に関する資料のほか、真珠湾の防備状況についてもかなりの資料があったし、ハワイ群島をはじめ、北はアリューシャン列島から南はグアム島、フィリピン、アメリカ本土西海岸の各港湾都市などの兵要地誌も揃っていた。吉川はこれらの機密資料を片っ端から読みあさった。同時にアメリカ海軍艦艇の艦種と艦型を一目で見分けられるよう努力を重ねた。これには毎年ロンドンで発行される『ジェーン年鑑』の「ファイティングシップス」という項が大いに役に立った。おかげで米艦隊の主力艦はそのシルエットの特徴から砲装、速力、航続力、さらには姉妹艦との識別、行動範囲などを頭にたたき込むことができた。

## ハワイに潜入したスパイ「森村正」

吉川猛夫予備少尉が「スパイ森村正」になるための猛勉強をしているとき、すでに日本の政治を牛耳っていた軍部は、急ピッチで戦争への道を突き進んでいた。連合艦隊司令長官の山本五十六大将も開戦劈頭（へきとう）、ハワイ真珠湾を基地としている米太平洋艦隊を空母搭載機で奇襲攻撃するという作戦計画を密かに抱いていた。このとき、もちろん山本長官は軍令部がハワイに諜報員を送り込もうとしていることなど知るはずもなかったが、スパイ森村が期待通りの活躍をすれば、間違いなく山本長官の計画には欠くことができない存在になるはずである。

その森村正こと吉川猛夫予備少尉は、八カ月余に及ぶ準備を終え、やっとのことで「三月二十日横浜出帆の新田丸に乗船予定」という内命を受けた。そして森村正名義の公用旅券とアメリカ入国のビザも届いた。吉川は身辺整理と出発準備に追われた。下着から洋服まですべて新調した。ワイシャツや洋服には洗濯屋がつけた「吉川」といったネームが書き込んであったからだ。大型トランクも買い、偽名の「T・M」というイニシアルも書き込ませた。

吉川は回想録『東の風、雨』に書いている。

「軍令部第三部直属のT大佐のもとに、準備完了の報告にゆくと、手の切れるような百ドル紙幣六枚を当座の活動費用として渡されたが、これはハワイに着いてから使用するように注意があった。横浜正金銀行で円を外貨に替えうる限度は、一人五十ドル（一ドル四円）であったから、この六百ドルは腹巻きに入れて、かくし持った。

すべての準備は終わった。あとは人事を尽くして天命を待つのみ……」

昭和十六年三月二十日午後二時、一年前の三月に竣工したばかりの豪華客船「新田丸」（一万七、一五〇トン）は静かに横浜のメリケン波止場を離れた。そして一週間後の三月二十七日午前八時半（現地時間）、ホノルル港の第八桟橋に着岸した。

吉川はデッキに出て岸壁を見下ろした。人混みからやや離れてタラップを降りてくる乗船客たちを注視している三、四人の一団がいる。吉川は総領事館の人たちに相違ないと思った。

吉川はゆっくりとタラップを降り、一団の前に歩みよった。

「森村です」

吉川は軽く会釈した。中年の男が笑顔を作って手を差し出した。副領事の奥田乙治郎だった。

「やあ、いらっしゃい。どうもご苦労さん」

「よろしくお願い申し上げます」

吉川は総領事館の自動車に乗せられ、ヌアヌ街の中腹にある総領事館に直行し、総領事の喜多長雄に着任の挨拶をした。喜多はもともと中国通として知られ、外務省内では〝大人〟のニックネームで通る腰の座った外交官として定評があった。外務省は「森村正」を送り込むにあたって、この大人に目をつけ、吉川の着任直前に広東総領事から抜擢してハワイに送ったのである。広東では海軍諜報部とも密接に連絡を取り合い、情報収集を行っていた四七歳のベテラン外交官だった。肥満短軀、一見しただけで豪放磊落（らいらく）な喜多は、広東総領事時代に部下や外部の接待で数万円の借金を作り、ハワイ着任後も広東総領事館に返済を続けたという型破り外交官でもあった。

「森村正」の挨拶を受けた喜多は、笑みを浮かべてさらりといった。

「吉川君だろう、わかってる。面倒は見てあげるから、存分に働きたまえ」

こうして喜多と吉川のコンビによる情報収集戦は始められた。もちろん領事館で「森村正」の正体を知らされていたのは、喜多総領事と副領事の奥田だけだった。

吉川は翌日からタクシーで島めぐりを始めた。目立ってはいけないので変装をしたり、目先を変えるなどの工夫もこらした。そして四日に一度くらいの割合で真珠湾の横を通り過ぎ、湾内に碇泊する艦船の種類と隻数をメモし続けた。

そうしたある日、喜多総領事が「島内見物も飽きたろう、いいところに案内しよう」と、一軒の日本料亭に吉川を案内した。戦後は「夏の家」と名前を変えたが、当時は「春潮楼」といい、総領事館から北東に車で十分足らずのアレワ・ハイツの丘の中腹にある。ホノルルのダウンタウンから五分あまりの距離である。喜多総領事や吉川予備少尉たちが出入りしていたころは、吉川と同郷の四国・松山出身の藤原タネヨさんが女将として取り仕切っていた。

前掲の『東の風、雨』は、こう記している。

〈車は暗夜のヌアヌ街を上り、左折してアレワ高地の春潮楼についた。

「おや、お珍しい。総領事さん、お連れの方は？」

「森村君だ」

「ああ、この間来られた方？」

ママさんは、私たちを二階座敷に請じて、あらためて挨拶した。

開け放たれた座敷から南西に見える燈は、真珠湾だ、ヒッカム飛行場だ。私は〝ふうん〟と唸った。

日本海軍が対米開戦に備えてハワイ真珠湾の米太平洋艦隊の動静を探るために忍び込ませた森村正こと吉川猛夫少尉（予備役）。

吉川少尉と二人三脚で米艦隊の情報収集を行った喜多長雄総領事。

「おい、森村君、今時分、下の座敷にＦＢＩがつけて来ているかも知れないぜ」

「ははは……」

二人は痛飲した。

「時に、総領事、島巡りをやりましたか」

「いや、先日もＦＢＩ隊長のシーバス氏がやってきて、島巡りをやったか、ときいたから、君に尾行されるのがいやだから、どこへもでない、といってやったら、そんなことはありません、どうぞどうぞ、といっていたよ」

「わはは……」

爆笑しながらハイボールを傾けるうちに、〆香姐さんを先頭に花子、ミー子、お絹と、きれいどころが和服姿で現れた。

さすがに〆香姐さんは、新橋に留学した芸者だけあって小唄の一つも弾けるというが、武骨者の二人は呑むことよりほかに芸はなかった。

話上手で遠慮のおけない喜多さんにつられて賑やかな座敷となってしまった。（中略）私は、この絶好の場所に来るためには、まず第一に彼女たちと仲よくならなければならないこと、第二

吉川少尉が真珠湾の在泊艦艇調査に利用したアレワ・ハイツ丘の日本料亭「春潮楼」の宴会場から見渡した真珠湾。戦前は窓の手前に観光用の望遠鏡が備えられていた(1990年12月撮影)。

には度々訪れる口実をもうけなければならないことだと思案していた。夜もふけて、眼下の真珠湾は静かに眠っていた〉

こうして春潮楼の二階座敷は、密偵・森村正の真珠湾偵察のためにはなくてはならない場所となった。同時にここで酒を飲み、芸者と語ることは、森村の行動をカムフラージュするかっこうの隠れミノとなった。

平成二年(一九九〇)十二月八日、ハワイでは七日の午後、筆者(平塚)はハワイ大学教授の案内で「夏の家」と名前を変えている「春潮楼」を訪れた。日本人の教授はお馴染みさんらしく、教授と筆者は喜多総領事と吉川少尉がよく使っていた二階の座敷に通された。そして二人が座った同じ場所で、ビールと日本酒のご相伴にあずかった。

「春潮楼」の窓からホノルル市街や真珠湾を眺める料亭のお客と芸妓さん。戦後は「夏の家」と名を変えた。

日本軍のハワイ攻撃は真珠湾の艦艇や飛行場、基地の施設に限られていたから、春潮楼は戦災に遭うこともなく、昔の姿をとどめていた。聞けば建物も部屋の間取りも昔のままだという。喜多総領事や吉川たちが芸者とたわむれた二階の大広間に入ると、眼下にホノルルの街がパノラマ的に広がっていた。広間の正面の窓からはヒッカム空軍基地や真珠湾が一望のもとに眺められる。キラキラ陽光に輝く軍用機の機体が肉眼でもはっきり見える。四九年前、この大広間の窓から初めて真珠湾を見下ろしたとき、吉川は何を考えていたのだろうか……。筆者は吉川の心理状態を推測しながら、しばし真珠湾を眺めていた。

「昔は、この正面の窓の樹なんかもそれほど大きくなかったし、周辺の住宅もあまりなかったですから、そりゃあ眺めが良かったです。

ええ、真珠湾も今よりずっと良く眺められましたよ。それに、その正面の窓のところに大きな望遠鏡が設置されてましてね、真珠湾なんか手にとるように見えたもんです。望遠鏡ですか？　お客さんへのサービスのために備え付けてあったんです」

戦前の「春潮楼」時代からよく出入りし、現在も「夏の家」で働いているタツ子さんは感慨ぶかげに話す。タツ子さんは一九八三年に九六歳で亡くなった女将の藤原タネヨさんの姪にあたる。しかし、森村についてのタツ子さんの記憶は「領事館の書記さん」といった記憶しかないという。タツ子さんが知っている森村のエピソードの多くは、戦後、叔母のタネヨさんから折りに触れて聞かされたものである。

「昼ごろによくやって来たそうよ。『ママ、来たよ』といって入ってきて、ママが『どうぞ二階へ行ってお休み下さい』というと、スタスタ望遠鏡のあるこの座敷に上がって来たそうです。昼間から座敷に上がって昼寝でもしているのかしら、それとも読書かしら……、ママにもよくは分からなかったが、よく備え付けの望遠鏡を覗いていることだけは分かったそうよ。あとで（戦後）知ったんですが、毎日ああして真珠湾の軍艦を調べていたんですね。

よくお酒を飲み、馬鹿騒ぎをしていたそうです。また、ときどき芸者さんを二人ぐらい連れてはハワイ島へ飛行機で遊びに行っていたともいいますね」

この遊覧飛行は、吉川の手記によれば「上空偵察が目的」で、真珠湾やヒッカム基地などの道路からは見えない場所を視察することで「目標確認の状況、攻撃侵入時の目標の選定、上空気流の状況などを判断するのに役立った」という。

　こうして集めた情報を、吉川は喜多総領事名で東京へ暗号打電した。ホノルル総領事館が昭和十六年一月一日から十二月七日までの一一カ月間に東京へ打電した暗号電のほとんどは軍事情報であった。ちなみに吉川の第一信は五月十二日発電で、第七八番電である。そして最後が十二月六日の第二五四番電だった。つまり二一〇日間に一七六通を発電したことになり、その八〇パーセントが軍事情報であったという。

　五月十二日発電の吉川の第一信は次のような内容だった。

○発ホノルル　喜多総領事
宛　東京　外務大臣
一九四一・五・十二
十一日真珠湾在泊艦艇左の通り
一、戦艦一一隻（コロラド、ウェストバージニア、カリフォルニア、テネシー、アイダホ、ミシシッピー、ニューメキシコ、ペンシルバニア、アリゾナ、オクラホマ、ネバダ）
重巡五（ペンサコラ型二、サンフランシスコ型三）
軽巡十、駆逐艦三十七、駆逐母艦二、潜水母艦一、潜水艦十一、輸送船その他合わせて十数隻
二、空母レキシントンは駆逐艦二隻を伴いオアフ島東岸沖を航行中

『東の風、雨』によれば、七月ごろまでは、この種の真珠湾在泊艦艇報告は一〇日に一度くらいの割合で報告していたという。あまり頻繁に報告をすると「機密保持上、艦艇報告は一〇日に一度でよろしい」と逆に叱られた。

## ハワイの日本総領事電を放置した米暗号解読班

昭和十六年も夏が過ぎ、日米関係は悪化の一途をたどっていた。山本五十六大将率いる連合艦隊司令部も、対米英戦は必至とみていた。そして、いざ開戦となった場合、山本は空母機動部隊の全力をもってハワイ真珠湾の米太平洋艦隊に航空攻撃をかけ、一挙に敵の海上戦力を葬ろうと考えていた。そのための「ハワイ作戦」計画を連合艦隊司令部に命じ、成案をほぼ手にしていた。残るは海軍作戦の決定権を握る軍令部の了承を得ることだけだった。ところが、決定権を持つ軍令部第一部の参謀たちは大反対だった。「危険すぎる」というのが最大の理由だった。

連合艦隊司令部と軍令部第一部の参謀たちが軍令部作戦室で「ハワイ作戦を認めろ」「いや、だめだ」と、口角泡を飛ばしていつ果てるとも知れない議論を繰り広げていた九月二十四日、同じ海軍省三階の軍令部第三部はホノルルの総領事館宛に電文を起草していた。

○発　東京
宛　ホノルル

一九四一・九・二十四

厳　秘

今後、貴下はでき得るかぎり次の線に沿って艦艇に関する報告をされたし。

一、真珠湾の水域を五小水域に区分すること（貴下ができるだけ簡略にして報告されても差し支えなし）

A水域（フォード島と兵器庫の間）

B水域（フォード島の南及び西、Aの反対側）

C水域（東入江）

D水域（中央入江）

E水域（西入江及びその通路）

二、軍艦、空母については、錨泊（at anchor）中のものを報告されたし。埠頭に繋留中のもの、浮標に繋留したもの、入渠中のものは、さほど重要ではないが報告されたし。

三、艦型、艦種を簡略に示すこと。

四、二隻以上の軍艦が横付になっているときは、その事実を記されたし。

この電報は、それまで総領事官に要求していた内容と明らかに異なっていた。電文を手にした吉川少尉は首をかしげた。

　吉川少尉は書いている。

「この電報を受けとった私は、発信者の真意を測りかねた。電文の意味は、要するに、湾内を五地区に分けて、その在泊状況を知りたいという所にあることは判っているが、さて、発信者は誰であるかを疑った。もし軍令部の参謀であれば、湾内の状況は熟知しているはずである。浅瀬のE水域に所在する船舶の有無を問い合せたり、繋留、入渠中の艦船は、『あまり重要でない』といって来ている。これはなんの意味なのか」

「たしかに、この電文は素人臭い所がある、と思いつづけながら、なおも、この電報を読み返しているうちに、私は、おぼろげながら攻撃を暗示する文意を察知しながらも尚半信半疑であった。だがこの電文は戦後の研究で日本（軍令部または艦隊参謀）が、真珠湾攻撃に備えて『目標を選定し攻撃方法を具体的に研究した』ないしは『攻撃決意』をしたことに非常に重要な意味をもつことになった。しかし、電文起案者は、今の所、不明である。だが、私は、この電報をたしかに受けとって、その後、二、三回指示どおりに報告を送った。

　私の推察では、この起案者は、軍令部五課の先任参謀無着中佐（戦死）で、おそらく、大学校の図上演習で、艦船に対する攻撃方法に疑問を持っての上で、問い合せ電を打ったのであろうと思う。戦艦が二列に並んでいる時には、内側の艦列に対しては魚雷攻撃が不可能であること。錨泊中の艦船は、急速出港可能であること、などの理由で打ち漏らす公算を考えていたのにちがいない」

吉川少尉は折り返し打電した。

○発　ホノルル
宛　東京
一九四一・九・二十九
厳　秘
貴第八十三番電に関し
艦艇の位置を示すには今後、次の符号を使用する。
一、KS……海軍工廠内の修理ドック
二、KT……第十、十一桟橋
三、FV……フォード島近くの繋留泊地
四、FG……フォード島の横付け岸壁（東・西はそれぞれA・Bにて区別）

しかし吉川は、この区分けに従った報告は「一、二度応じただけ」だった。あまりたびたび報告すれば、アメリカの情報機関に感づかれる恐れがあると思ったからだった。

もっとも、日本の外交暗号の解読に成功しているアメリカは、すでにホノルルの日本総領事館からの外交電文もすべて傍受し、解読していた。たとえば日本の外務省から九月二十四日にホノルルに打たれた「電信第八三号」は、十月九日にワシントンの陸軍の暗号解読班（ＳＩＳ）によって解読されており、九月二十九日の吉川から東京への報告電（電信第一七八号）は十月十日に海軍の暗号解読班ＯＰ－20－Ｇが解読していた。ところがアメリカは、ホノルルなど日本の総領事館と本国とのやりとりは、単なる日常的な事務の報告にすぎないものと決めつけ、解読も重要度の低い二次、三次の順位にし、しかも解読文はほとんど放置状態にされていたという。日本とスパイ森村正にとっては、なんともありがたい処置であった。

## 米艦隊情報を続々送る秘密情報員

昭和十六年十一月五日、対米交渉が難航している日本政府は「帝国国策遂行要領」を決定し、日米交渉がまとまらない場合は十二月初頭に武力を発動するとした。戦争である。そしてこの日、永野修身（ながのおさみ）軍令部総長は山本五十六連合艦隊司令長官に、正式に作戦命令を下した。「連合艦隊案を認めなければ司令長官を辞める」という山本の脅しに屈し、しぶしぶ認めた「ハワイ作戦」の決行である。

南雲忠一（なぐもちゅういち）中将率いる機動部隊（第一航空艦隊）は十一月二十二日までに択捉（エトロフ）島の単冠（ヒトカップ）湾に集結し、十一月二十六日の朝、一斉に錨を上げた。片道三、五〇〇浬（約六、四八二キロ）におよぶ真珠湾奇襲作戦の開始であった。

海上は相変わらずうねりは大きいが、天候は良好だった。十一月二十八日、機動部隊は新聞電報を傍受し、二十六日にハル国務長官が日本の提案に対する回答を文書で手交してきたこと、その内容は不明であるが、海外の消息通は最後通牒であろうと伝えていることを知る。

十一月二十九日、この日、海上は小雨まじりの曇り空で、霧が発生し、視界はきわめて悪かった。しかし、海上は平穏で、機動部隊は予定通り東進を続けていた。あとの心配は英米や第三国の艦船との接触だけである。もしハワイ進撃中にアメリカ艦艇に発見された場合、宣戦布告前であれば演習でもしているような恰好でさり気なく引き返し、敵が攻撃をしかけてきたり布告後であった場合はただちに応戦、徹底撃滅をはかることになっていた。だが、航程の約半分に到達した十二月一日を迎えても、他国の艦艇や商船の姿は見かけない。風速は一三から一七メートルと激しいが、予想していた荒海からすれば航海日和といえる。あとは、開戦のX日を知らせる連合艦隊司令部からの電令を待つだけである。

ハワイの総領事館からの情報も入りはじめた。なかでも十二月二日午後一〇時に軍令部から発信されたハワイ情報は詳細なものだった。「A情報」と呼ばれた内容は次のようなものだった。

〇十一月二十八日午前八時（ハワイ時間）　真珠湾の情況左の如し

戦艦二（オクラホマ、ネバダ）、空母一（エンタープライズ）、甲巡二、駆逐艦十二以上出港。

戦艦五、甲巡三、乙巡三、駆逐艦一二、水上機母艦一、以上入港。但し入港せるは十一月二十二日出港せる部隊なり。

十一月二十八日午後に於ける真珠湾在泊艦を左の通り推定す

戦艦六（メリーランド型二、カリフォルニヤ型二、ペンシルバニヤ型二）、空母一（レキシントン）
甲巡九（サンフランシスコ型五、シカゴ型三、ソルトレイクシティ型一）、乙巡五（ホノルル型四、オマハ型一）

ハワイ情報は、この後も軍令部経由で刻々と送られてきた。喜多長雄ホノルル総領事と森村正こと吉川猛夫予備少尉の努力の賜物だった。

十二月四日も機動部隊が進む太平洋は雨と時化で大荒れだった。しかし夕方から海上は次第に凪（な）ぎはじめ、落ち着きを取り戻してきた。そしてこの日も午前三時五〇分（日本時間）に機動部隊はハワイからの「A情報」を受信した。

○A情報　十二月三日二十三時発信
十一月二十九日午後（ハワイ時間）、真珠湾在泊艦は左の如し
A区（注・海軍工廠とフォード島間）
KT（海軍工廠北西岸壁）……ペンシルバニア、アリゾナ
FV（繋留泊地）……カリフォルニア、テネシー、メリーランド、ウェストバージニア
KS（海軍工廠修理岸壁）……ポートランド
入渠中　甲巡二、駆逐艦一
その他　潜水艦四、駆逐母艦一、哨戒艇二、重油船二、工作船二、掃海艇一

B区（フォード島北西方、同島付近海面）
FV（繋留泊地）……レキシントン
その他　ユタ、甲巡一（サンフランシスコ型）、乙巡二（オマハ型）、砲艦三
C区（東入江）
甲巡三、乙巡二（ホノルル型）、駆逐艦十七、駆逐母艦二
D区（中央入江）
掃海艇十二
E区　なし
十二月二日午後（ハワイ時間）まで変化なし。未だ待機の情勢にありとは見えず。乗員の上陸も平常通りなり。

機動部隊の参謀たちは、まるで目前に真珠湾基地を見ているようなA情報の詳細さに驚嘆すると同時に、ますます身の引き締まるのを感じていた。

## ついに届いた「新高山登レ一二〇八」

一路ハワイに向かう機動部隊が、いよいよ一八〇度線を越えて西半球に入ろうとしていた十二月一日、東京では午後二時から御前会議が開かれ、開戦を決定していた。原案はすでに十一月二

十九日の政府連絡会議で決定されていたから、形式的に天皇の允裁(いんさい)を得るだけである。

対米英蘭開戦の件
十一月五日決定の「帝国国策遂行要領」に基く対米交渉は遂に成立するに至らず
帝国は米英蘭に対し開戦す

そして翌十二月二日、作戦開始を十二月八日とする件も允裁を得、山本五十六連合艦隊司令長官は午後五時三〇分、機動部隊に「新高山登レ 一二〇八」を打電した。すなわち「X日ヲ十二月八日トス」の隠語である。

洋上の機動部隊が隠語電文を受信したのは午後八時であった。南雲長官とともに機動部隊を進撃させている第一航空艦隊の草鹿龍之介参謀長は、そのときの心境をこう回想している。

「これまでは機動部隊指揮官としては『開戦』とくるか、『引き返せ』と命ぜられるか、通信は信頼していたものの、やはり一抹の不安は拭いきれなかったが、いまやこの電報により作戦一本に没頭できることとなった。この『新高山登レ』を受信した時は、青天に白日を望むような気持ちになった」

こうして、単冠湾を出て以来一路東進してきた機動部隊は、十二月四日午前四時、いよいよ北緯四一度、西経一六五度の待機地点を通過、予定どおり針路を変更して南下を開始した。ハワイでは一日遅れの三日である。前日来の荒天は収まらず、南西寄りの風は最大風速三五メートルを記録していた。(以後はハワイ現地時間を使用)

夜が明けると、視界は不良ながら海上は平穏になり、隠密行動には絶好の状態になった。この絶好の天候は翌六日も続き、機動部隊はいよいよ攻撃開始地点を目前にした。

午前一一時、機動部隊は「連合艦隊電令第十三号」を受信した。

「皇国ノ興廃繋リテ此ノ征戦ニ在リ、粉骨砕身各員其ノ任ヲ完ウスベシ」

三〇分後、機動部隊の旗艦「赤城」は、そのマストにDG信号旗を掲げた。三五年前、東郷平八郎連合艦隊司令長官が、ロシアのバルチック艦隊を目前にした日本海海戦で掲げたZ旗と同じ意味を持つ信号旗である。

「皇国ノ興廃此ノ一戦ニ在リ、各員一層奮励努力セヨ」

という。

そのころホノルルでは、吉川猛夫予備少尉が、もしかしたら最後になるかもしれない艦隊偵察のためタクシーに乗っていた。運転手は吉川が赴任以来頼んでいるジョン三上という日系二世で、オアフ島の軍事知識が驚くほど豊富な男だった。

まず吉川は朝の偵察と同じにアイエアに行って真珠湾内の艦艇群を見下ろし、さらにハイウェーを通ってパール・シティの波止場にタクシーを止めた。そして桟橋の近くで日系の老人が経営する喫茶店に入り、目の前に碇泊するアメリカ太平洋艦隊に目を凝らした。そして、アッと思った。朝の偵察のときには、たしかに空母二隻と重巡洋艦一〇隻を含む全艦隊がいたのに、いまは空母と重巡の姿はどこにも見当たらない。

吉川は急いで総領事館に戻った。そして、この日二回目の報告書を大急ぎで作り、喜多総領事を経由して東京に打電した。

ホノルルからの暗号電は軍令部で海軍の暗号に直され、第一回目は午後五時に機動部隊に発信された。

○七日一二〇〇受信（日本時間）

A情報

一、五日「オクラホマ」「ネバダ」入港（出動期間八日間）

同日「レキシントン」及甲巡五隻出港ス

二、右ニ依リ　五日一八〇〇（日本時間）碇泊艦船左ノ通

戦艦八隻　軽巡三隻　駆逐艦十六隻

入渠中ノ「ホノルル」型四隻及駆逐艦四隻

○七日二一三〇受信（同）

一、七日「ホノルル」方面飛行阻塞気球ヲ使用シ居ラズ

二、布哇諸島方面飛行哨戒ヲ行ヒ居ラズ

三、「レキシントン」「エンタープライズ」出動中

そして吉川少尉の最後の情報は、午後六時に軍令部から機動部隊に発信された。

○七日二二四〇受信（同）

一、A情報

1 地方時（ハワイ時）五日夕刻「ユタ」及水上機母艦一入港　六日ノ在泊艦ハ戦艦九隻、軽巡三隻、潜母三隻、駆逐艦十七隻、入渠中ノモノ軽巡四隻、駆逐艦二隻

重巡及航空母艦ハ全部出動シアリ

艦隊ニ異状ノ空気ヲ認メズ

2「ホノルル」市街ハ平静ニシテ燈火管制ヲ為シ居ラズ

二、大本営海軍部ハ必成ヲ確信ス

このホノルルからの正確な情報は、作戦を成功に導いた大きな要因であったことはいうまでもないが、攻撃隊員の士気を大いに高める効果をもたらした。

## 暗号を解読されるも警戒されなかった謎

すでに記したように、吉川はハワイ在留二一〇日の間に一七六通の米艦隊情報を外務省経由で軍令部に送っている。吉川がその一七六通目の暗号作業を終えて、総領事館と同じ敷地内にある

官舎の私室に入ったのは十二月六日の夜九時過ぎであった。早朝から駆けずり回ったため、体はくたくただった。吉川はウイスキーを二、三杯あおってベッドに倒れ込んだ。

「旦那さん、食事ですよ！」

通いのメイドのY嬢の大声で目を覚ました。朝の八時前だった。トーストにコーヒー、ゆで卵、パパイアという相変わらずのメニューだった。吉川はパパイアを一さじ二さじ口に運んだ。そのとき、ズズーンという腹に響く重い衝撃音を聞いた。地震かな？　と思った。衝撃音は二度、三度と続く。そして新たに爆発音が加わり、さらに激しい砲声も轟いてきた。

演習かな？　と思いながら、吉川は外に出て米軍基地のある真珠湾の方角に目をやった。真珠湾の上空はもうもうたる黒煙におおわれていた。吉川は淡い朝霧をかすめて東から西へ飛ぶ飛行機を見た。翼下に日の丸が描かれていたように思えた。

吉川は回想記『東の風、雨』に書いている。

〈日本機だ、戦争にまちがいない。急を喜多さんに告げようと、広い庭を横切って官邸へ走った。ちょうどそこへ喜多さんが出て来た。

「総領事、戦争です」

「間違いないかね」

「間違いありません。暗号の処理を」

「月川君（電信主任）を呼びにやってくれ……森村君、とうとうやったね。さっき、ラジオで〝東の風、雨〟の隠語情報を聞いた。雑音で判りにくかったが、たしかに聞いたよ」

「あれが、日本機かね、おお、やっとる、やっとる。凄い煙だね……演習に非ず、軍人は早く持ち場に帰れ、という放送員の声がふるえていたよ……」

二人は空を仰いで、日本軍の攻撃ぶりに声援を送った。そして、喜多さんは、目に涙を浮かべて、ふと私の手を握りしめて、

「森村君、とうとうやったね」

「やりました、やりました」

私は、天を仰いだまま涙を流しながら、総領事の手を固く握りしめていた〉

吉川少尉と喜多総領事の会話にある「東の風、雨」という隠語情報とは、日本政府が在外公館に発した最後通告、すなわち日米交渉は決裂して戦争に突入するという意味の暗号のことである。

日本が対米英戦争を決意し、真珠湾を攻撃する南雲機動部隊が集結地の単冠湾に向かっていた昭和十六年十一月十九日、日本の外務省は在外公館に対し、俗に「ウィンド・メッセージ」(風のたより)と呼ばれている隠語放送のマニュアルを発令していた。それは、日本が戦争状態に突入するにあたって、万が一にも国際通信組織が使えないような事態になった場合、在外公館などへの伝達手段として海外向けの日本語短波放送を使おうというものである。すなわち、ラジオ放送の途中と最後に「天気予報」として次の〝予報〟を挿入するというのだ。

東の風、雨……日米関係が危険な状態になった場合。

西の風、晴……日英関係が危険な状態になった場合。
北の風、曇……日ソ関係が危険な状態になった場合。

すでに外務省は、大本営陸軍部が隷下の部隊に「南方要域の攻略命令」を下した十一月十五日に、アメリカ、メキシコ、ブラジル、アルゼンチンなどアメリカ大陸の在外日本公館に、万一の場合の暗号機の処分の順序と方法を指示していたから、十一月十九日の〝風のたより〟を受信、解読したとき、公館の担当者たちは誰もが「いよいよ危機近し」を意識せずにはいられなかった。

この日以来、各国の日本公館では日本からの短波放送を聞き漏らすまいと二四時間態勢でラジオにかじりついていた。駐米日本大使館の海軍武官室には精巧な無線用受信機が備えつけられ、「書記」になりすましている海軍電信下士官が全身を耳にしていた。そして人員の少ないハワイの日本総領事館では、喜多総領事が自らラジオにかじりついていたのである。

もちろん日本の外交暗号を解読している米陸海軍の通信諜報班も、これらの暗号は解読していた。十一月十五日の暗号機処分に関する日本外務省電は十一月二十五日に解読しており、ウィンド・メッセージは二十八日に解読していた。そして、米陸海軍の通信傍受所は、この日本語短波放送をとくに警戒するよう命令されていた。それなのに、米政府と陸海軍の首脳部はハワイをはじめとする隷下の部隊になぜ戦争の危険を知らせなかったのだろうか……。いまだに謎のまた謎である。おかげで日本の連合艦隊司令長官山本五十六大将の執念ともいえるハワイ奇襲作戦は見事に成功したのである。その奇襲の模様は次のようであった。

## 猛攻にさらされた真珠湾の米艦隊

吉川や喜多総領事が真珠湾からの爆発音を聞いた十二月七日の朝、南雲忠一中将率いる連合艦隊の第一航空艦隊（通称「南雲機動部隊」）は攻撃隊の発艦地点であるハワイの真北約二三〇浬（約四二六キロ）に到達していた。そして六隻の空母から発艦した第一次攻撃隊一八三機は午前六時一五分、一斉に機首を真珠湾のあるオアフ島に向け、午前七時三〇分、真珠湾上空に到達した。攻撃隊長の淵田美津雄中佐は雲の切れ目からオアフ島を眼下にしていた。淵田は周囲を凝視した。点々とケシ粒のような蚊が現れたら奇襲は失敗である。しかし、ケシ粒（敵戦闘機）は見えない。

「よーし、展開下命だ」

水平爆撃機に搭乗して指揮を執る淵田は、信号銃を取り上げると機外に向けて一発発射した。午前七時四〇分、東京では十二月八日午前三時一〇分だった。信号弾一発は奇襲を意味する。二、三秒おいて二発目が発射された場合は敵の反撃が予想され、攻撃は強襲で行うことを意味していた。

淵田中佐は電信員に「全軍突撃せよ」の簡単な略語「トトトト」を繰り返し打たせた。時に十二月八日午前三時一九分（ハワイ時間七日午前七時四九分）であった。

奇襲は成功した。淵田機の電鍵が再び叩かれる。

「我、奇襲に成功せり」

略語の「トラ・トラ・トラ」である。ハワイ時間午前七時五三分である。

攻撃の第一弾は米陸軍の重爆撃機が行儀よく並んでいるヒッカム飛行場に投下された。次いで海軍のフォード基地と陸軍の戦闘機基地ホイラー飛行場が爆撃を受けた。強襲と勘違いした高橋赫一少佐が指揮する急降下爆撃隊が、二派に分かれて行ったのだ。各飛行場からもうもうと黒煙が吹き上がる。雷撃隊を指揮する村田少佐は攻撃を急いだ。急降下爆撃隊の爆撃で真珠湾が黒煙で覆われる恐れが出てきたからである。戦艦群が黒煙に覆われれば確実な魚雷攻撃ができない。少佐は先頭に立ち、海面を舐めるようにして戦艦の群れに突入した。

魚雷攻撃は、時間にすればほんの一瞬の出来事といってもいい短時間の攻撃だった。しかし、その一瞬の間に、真珠湾に碇泊していた戦艦群で魚雷を食わなかったのは「テネシー」と「メリーランド」だけだった。だが、この両艦も無事には済まなかった。雷撃隊が飛び去るのを見た淵田中佐率いる水平爆撃隊が、投弾を開始したのである。その直後、戦艦群の中から大爆発が起こった。「ウェストバージニア」とともに集中攻撃を受けている「アリゾナ」だった。水平爆撃隊の八百キロ徹甲弾が第二砲塔近くに命中貫通し、前部火薬庫を爆発させたのだ。どす黒く真っ赤な火焔は三〇〇メートル近くも立ち昇り、ドドドーンという爆発音はホノルル市中を揺るがした。吉川と喜多総領事が聞いた爆発音は、もしかしたらこの爆発音だったかもしれない。雷撃機や爆撃機が攻撃に専念している間、板谷茂少佐率いる制空隊の零戦は姿を見せた四機の米戦闘機をすべて撃墜し、隊を八群に分けて各飛行場の地上攻撃に移っていた。

1941年12月8日（ハワイ時間7日）、日本の空母機動部隊の奇襲攻撃で炎上する真珠湾の米太平洋艦隊の戦艦群。

午前八時過ぎ、真珠湾上空から日本機が姿を消し、襲撃は終わったかに見えた。しかし、日本軍の襲撃はさらに続く。午前八時四三分、嶋崎重和少佐を総指揮官とする第二次攻撃隊一六七機が姿を現したのだ。嶋崎少佐直率の水平爆撃隊五四機、江草隆繁少佐指揮の急降下爆撃隊七八機、進藤三郎大尉指揮の制空隊（零戦）三五機である。

攻撃隊はカフク岬の上空で三手に分かれ、制空隊は各飛行場を襲い、水平爆撃隊と急降下爆撃隊は真珠湾に直行、第一次攻撃隊の攻撃から免れた艦船を求めて爆撃を繰り返した。第一次にくらべ攻撃は難渋した。上空も湾内も黒煙に覆われ、目標を捜すのも、視認するのもままならない。加えて米軍の対空砲火は一段と強力になり、迎撃する戦闘機の数も増大していた。しかし、日本軍の攻撃は果敢で、生き残っていた艦艇を次々と擱座させていった。
午前九時四五分、日本軍の攻撃が終わった。東京では八日の早朝午前五時一五分だった。この真珠湾攻撃で日本軍の攻撃機は二九機が還らなかった。内訳は第一次攻撃隊が九機、第二次攻撃隊が二〇機だった。この数字は、真珠湾攻撃が完全奇襲であったことを証明するとともに、米軍の防禦攻撃がいかに凄まじかったかも物語っている。

米軍の艦船被害（米軍調査）
戦艦ネバダ　魚雷一本、爆弾六発以上命中・擱座。
戦艦アリゾナ　魚雷数本、大型爆弾四発、その他四発命中。うち一発前甲板を貫徹して前部火薬庫で爆発、完全喪失。
戦艦ウェストバージニア　魚雷六〜七本、爆弾二発以上命中、擱座。
戦艦テネシー　大型爆弾二発命中、一発は不発。
戦艦オクラホマ　魚雷五本の他、水平爆撃機の爆弾命中、転覆。
戦艦メリーランド　大型爆弾一発、小型爆弾一発命中。他に至近弾を受ける。
戦艦カリフォルニア　魚雷三本、至近弾四発、大型爆弾一発命中して爆発、擱座。
戦艦ペンシルバニア　爆弾一発甲板を貫通、砲郭内で爆発。損害軽微。
軽巡ヘレナ　魚雷一本、爆弾一発命中。至近弾四発。

軽巡ホノルル　至近弾一発。小破。
軽巡ローリー　魚雷一本、爆弾一発命中、浸水。
その他、駆逐艦カシン、ダウンズ大破。標的艦ユタ転覆喪失。機雷敷設艦オグララ沈没。水上機母艦カーチス急降下爆撃機の体当たりなどで小破。工作艦ベスタル浸水擱座。

## FBIに拘束された総領事館員

南雲機動部隊による真珠湾攻撃は、十二月七日の午前に終わり、日本の艦上機は真珠湾上空からすべて姿を消していった。そして、今や敵国となったここハワイに取り残されることとなったのは、喜多長雄総領事をはじめとする七名の日本総領事館員とその家族たちだった。もちろん、あの「スパイ森村正」こと吉川猛夫海軍予備少尉も含まれている。

喜多と吉川は総領事館に戻った。そして吉川は駆けつけた電信主任の月川左門と二人で暗号室に入り、鍵を閉めて暗号書の焼却をはじめた。暗号書を引き裂き、大きな金盥(かなだらい)の中で焼くのだが、気が急(せ)いているせいか、いやに時間がかかるように思えてならなかった。

そのとき、暗号室のドアが激しく叩かれ、「開けろ！」と怒鳴る声がした。警官だという。暗号書はまだ完全に燃え尽きていない。

「ダメだ！」

二人は怒鳴り返した。

当時、総領事館の官舎前のクアキニ通りにポルトガル人一家が住んでいた。実はこのポルトガル人一家はＦＢＩのスパイで、日本の総領事官を監視するのが役目だった。この日、日本軍機が真珠湾一帯を攻撃しているとき、日本総領事館から煙が出ているのを発見した。ポルトガル人は「発煙信号に違いない」と思い、ただちにＦＢＩ事務所に電話したのだった。

暗号室の前では「開けろ！」「ダメだ！」の押し問答が続いたあと、警官たちは五、六人が一緒になってドアに体当たりを食らわせてきた。ドアは「バリーン！」という轟音を発して破れた。ＦＢＩの捜査官と警官たちは手に手に拳銃や小銃をかざして暗号室に乱入した。

「ホールド・アップ！」

警官たちは二人に銃を突きつけ、怒鳴った。吉川と月川は両手を上げて成り行きを見守った。ＦＢＩらしい警官を指揮している私服が、盥の中でくすぶっているのが暗号書らしいと気づき、足でもみ消して燃え残りを探しはじめた。その隙に吉川はドアをすり抜けて総領事館の庭に出た。真珠湾の上空はまだ黒煙におおわれていた。

この吉川が去ってから間もなく、ホールド・アップ状態の月川は身体検査のためにパンツ一枚にされた。腹に巻き付けて隠し持っていた二冊の暗号書がポロリと落ちた。ＦＢＩの男が素早く拾い上げ、パラパラめくるとニッと笑みを浮かべた。そして警官たちを顎でしゃくり、意気揚々と引き揚げていった。

午前九時半を過ぎると、日本機が去ったのか真珠湾上空は静かになった。しかし、アメリカ官憲から高度な暗号書を強奪されてしまった総領事館は、茫然自失のていにおかれた。加えて総領事館の入口には小銃の筒先を館内に向けた五、六名の警官が張り付き、封鎖状態にされてしまった。喜多総領事以下七名の男子スタッフは館内に軟禁され、家族もそれぞれの官舎に軟禁された。

行動の自由を奪われた軟禁生活は、年が替わった一九四二年の正月になっても解けなかった。ところが二月八日の夜、喜多総領事以下二三名の総領事館員と家族は突然七台の車に分乗させられて真珠湾に運ばれ、その夜のうちに駆潜艇でアメリカ本土に送られることになった。

四日後、総領事館員一行を乗せた駆潜艇は西海岸のサンペドロ港に入港した。そこで一行は国務省派遣の役人に付き添われて列車に乗り換えた。列車は二昼夜の旅ののち、砂漠のど真ん中の仮停車場に停まった。一行が抑留生活を送ることになるアリゾナ州タクソン市郊外の牧場である。

総領事館員たちに与えられた宿舎はコンクリート造りの平屋建てで、別荘ふうの建物だった。周囲に民家はまったく見あたらず、広大な牧場には女主人と牧場管理人夫妻、従業員の黒人夫婦のほかはサンペドロから付き添っている役人と警備隊員が五、六名いるだけだった。この牧場での抑留生活は六月初めまで四カ月近く続いた。その後一行はニューヨークに移され、ハドソン河に碇泊している第一次交換船「グリップスホルム」号（スウェーデン籍）で帰国の途についた。海軍諜報員・森村正も一緒だった。

# 第二章 「アイ・シャル・リターン」の置き土産
# マッカーサー司令部が確立した連合軍の諜報網

## 日本軍占領下に残った諜報員たち

日本の外交暗号や海軍の暗号などを解読していたアメリカの情報機関だったが、なぜか真珠湾奇襲攻撃につながる「ウィンド・メッセージ」や「スパイ森村正」の行動などは見逃してしまった。まさか巷間ささやかれている〝ルーズベルトの陰謀〟の一環だったとは思えないのだが……。

すなわち、当時のアメリカ世論は、ヨーロッパで始まっていたドイツ・イタリアとイギリスなど連合国との戦争にアメリカが参戦することに反対していた。そこでルーズベルト大統領は、この世論を一気にひっくり返して同盟国イギリスを救援するには、まず日本に先に手を出させて米日戦争を始める。世論は絶対支持する。対日戦争を始めれば、当然、日独伊（枢軸国）対米英仏（連合国）の同盟国戦争になり、アメリカ国民は一丸となって反枢軸国戦争に立ち向かうだろう。

ルーズベルト大統領はそう計算したに違いないというのだ。そして理想通りに日本海軍がハワイ真珠湾の米太平洋艦隊を奇襲攻撃してきた。翌日、ルーズベルト大統領は議会で演説し、対日宣戦した。予想通りアメリカ世論は「リメンバー・パールハーバー」で一丸となり、アメリカは一挙に第二次世界大戦に参戦していった——。

たしかに日本の外交暗号をすべて解読していたアメリカが、どうしてハワイ総領事館の報告電だけを見逃していたのかは解せない。あえて見逃していたともとれる。さらに吉川少尉の報告電は昭和十六年五月から開戦前日の十二月六日（米時間）まで二〇〇日余続けられ、報告電（軍事情報）は一七六通に及んでいたのである。それが見逃されていた……。なぜか。真相は現在にいたるもわからない。それが情報・諜報戦の常であり、政治の常だからである。

では、その米軍の情報機関は開戦後はどのような行動をとっていったのだろうか。日本でも馴染みが深いダグラス・マッカーサー大将（米極東軍総司令官、のち元帥）率いる米南西太平洋軍の場合を見てみよう。

日本軍はハワイ真珠湾の米太平洋艦隊への奇襲攻撃と同時に、マレー・シンガポール攻略作戦とフィリピン攻略作戦も開始した。作戦はいずれも難渋をきわめたが、マレー・シンガポールの英印軍は開戦二カ月後の昭和十七年（一九四二）二月十五日、最高指揮官アーサー・パーシバル中将以下全軍が山下奉文（やましたともゆき）中将（のち大将）率いる日本の第二五軍に降伏し、フィリピンの米比軍も五月七日に本間雅晴（ほんままさはる）中将の第一四軍に降伏した。

ところが米比軍の最高指揮官マッカーサー大将は三月十二日、ルーズベルト大統領の命令でバターン半島南端の要塞島コレヒドールを脱出、「アイ・シャル・リターン」（私は必ず戻ってくる）という言葉を残してオーストラリアのブリスベーンに逃れていった。伴ったのは自分の家族と幕僚の一部一八名だけだった。マッカーサーは日本軍がフィリピンの首都マニラのあるルソン島への上陸作戦を開始したとき、マニラの「非武装都市宣言」をしてフィリピン政府とともに司令部もマニラ湾口のコレヒドール島に移していた。司令部の情報部や暗号解読班なども一緒にコレヒドールに移ったが、秘密の地下組織はこのときに壊滅状態になってしまった。

それでも、マッカーサーと幕僚たちがオーストラリアに脱出した後も、ウェインライト中将に指揮された米比連合軍がバターン半島やコレヒドールで抵抗戦を続けている間は、日本軍占領地域に残っている個々の情報員とはかろうじて無線電信はつながっていた。だが、昭和十七年五月七日にコレヒドール要塞が陥落した後は、その無線電信も完全に途切れてしまった。

チャールス・A・ウィロビー少将。

しかし、マッカーサーはマニラからコレヒドールに撤退するとき、シメオン・デ・ジーザス准将を責任者に、将来のゲリラ戦を想定して一つの秘密機関を作り、日本軍占領地城に残した。マッカーサー司令部の情報部長（参謀第二部＝G2）だったチャールス・A・ウィロビー少将の回想記『マッカーサー戦記』（大井篤訳。原題「MACARTHUR 1941－1951」）によれば、この「デ・ジーザス機関」はバターンを根拠地に約六〇名のメンバーをそろえた。機関員の大半は秘密活動に熟練したフィリピン警察隊の幹部や軍の下士官兵だった。その任務は「敵戦線の後方に活動する一連の秘密活動員を通じ、バターン、サンバレス、パンパンガおよびその他の敵軍占領地区で獲得した軍事情報を収集し、評価し、そしてそれを所要の向きに伝播することとされた。

デ・ジーザス機関はマニラ市の映画館の映写室内に無線局を作り、コレヒドール要塞の司令部と連絡を取り合っていた。ジーザス准将は次々とメンバーを増やし、日本軍占領下の各地に潜入させて情報収集の成果を上げていった。しかし、コレヒドールでウェインライト将軍が日本軍に降伏した後は、日本軍の統治が厳しくなり、機関員は次々と日本軍憲兵隊に逮捕される。

ウィロビー少将は前出書に書いている。

「戦争の初期、マニラの有力な居住者で秘密情報活動に参加した者がたくさんあったが、これらのうちの実に多くの人々はサンチアゴ要塞で拷問にかけられてこの世を去った。デ・ジーザスもこのようにして死んだのである」

このデ・ジーザス機関のように組織として活動していた以外にも、個人として活動していた人たちもかなりいた。たとえば有能な女性ジャーナリストのイアイ・パンリリオなどはその代表的秘密情報員だったという。彼女は開戦前からマニラに出入りする日本の新聞記者や実業家との交際が深く、日本人社会では知られた存在だった。ところが彼女はマッカーサー司令部の情報収集の手伝いをしており、日本人とのつきあいから知り得た情報をＧ２に通報していたのだ。しかし、彼女が秘密情報員であることを知らない日本軍は、占領下のマニラに踏みとどまっていた彼女に目を付け、宣伝放送のパーソナリティーに起用したのである。

「当時、日本軍は、フィリピン人に対し『耐乏生活』を大いに強調した。そしてそれは、アメリカがフィリピン人を骨抜きにするために贅沢な生活をやらせたのを直すためだと宣伝した。イアイはこうした線に沿って忠実にペチャペチャしゃべるのであったが、一方、フィリピン人に、ありし日の楽しかった生活を思い起こさせるため、よい昔の音楽を抜粋したアメリカ・レコードをかけるのであった。彼女はだんだんと大胆になり、日本軍の占領を嘲弄（ちょうろう）するようなことをした。彼女は結局、問題を起こす運命にあった。おそかれ早かれ、密告者にやられたであろう」（『マッカーサー戦記』）

有能な女性ジャーナリストのイアイ・パンリリオ（手前）とバスの運転手出身のマルコス・アグスティーン大佐。

彼女の声は突然、日本軍放送から消えた。誰もがケンペイに捕まり、拷問の末に殺されたものと思った。だが、彼女は生きていた。その身に危険が迫っていることを知った彼女は素早く身を隠し、マルコス・アグスティーン大佐が指揮する「マーキングズ」というルソン島のゲリラ部隊に身を投じていたのである。

## 続々誕生していた抗日ゲリラ部隊

コレヒドールの米比軍司令部は、降伏に際してフィリピンの全部隊に日本軍に降伏するよう命令していた。大部分の上級将校は命令に従ったが、下級将校や一般兵士の中には投降を拒否し、武器や補給物資を携えてジャングルに逃げ込み、ゲリラ部隊を編成していたグループもかなりいた。これらゲリラ部隊の指揮は、多くがフィリピン人かアメリカ人の正規軍将校が執っていた。

こうして約七、〇〇〇の島々から成るフィリピンの主要な島々―ルソン島やミンダナオ島、レイテ島、あるいはセブ、ネグロス島などに残っていた部隊の多くは、日本軍が乗り込んでくる前に山岳地帯に逃げ込み、対日ゲリラ組織に衣替えしていた。なかにはバターンやコレヒドールからの脱出に成功し、ゲリラ隊を組織した米軍やフィリピン軍将校もいた。

首都マニラのあるルソン島には、前記したマルコス・アグスティーン大佐の名前をとった「マーキングズ・ゲリラ」をはじめ一一以上のゲリラ集団が生まれていた。この中には日本軍の進撃が急だったために、ルソン島の北部に取り残された正規軍を中心とした部隊もあった。彼らは山中にとどまり、ラッセル・W・ヴォルクマン中佐を指揮官に、正規軍の組織を維持したままゲリラ戦で戦闘を継続していた。

ミンダナオ島では米陸軍工兵隊のウェンデル・W・ファーティグ中佐が、島内に次々と誕生していたさまざまなゲリラグループを統括し始めていた。このファーティグ中佐のミンダナオ・ゲリラは、のちにマッカーサー司令部と連絡がつき、日本軍の後方撹乱、情報収集などで大活躍をする。

パナイ島でも同島を守備していたフィリピン陸軍の作戦将校だったマカリオ・ペラルタ中佐（のち大佐）がゲリラ戦の指揮を執っていた。コレヒドールの司令部の命令に従ってアメリカ人の上官が降伏したのを見たペラルタ中佐は、降伏を拒否して七、〇〇〇を超えるフィリピン兵の指揮権を握り、ただちにゲリラ戦に突入していた。同時にペラルタ中佐はパナイの住民や同島に在住しているアメリカ人にもゲリラ参加を呼びかけ、全島をゲリラの島にしようとしていた。

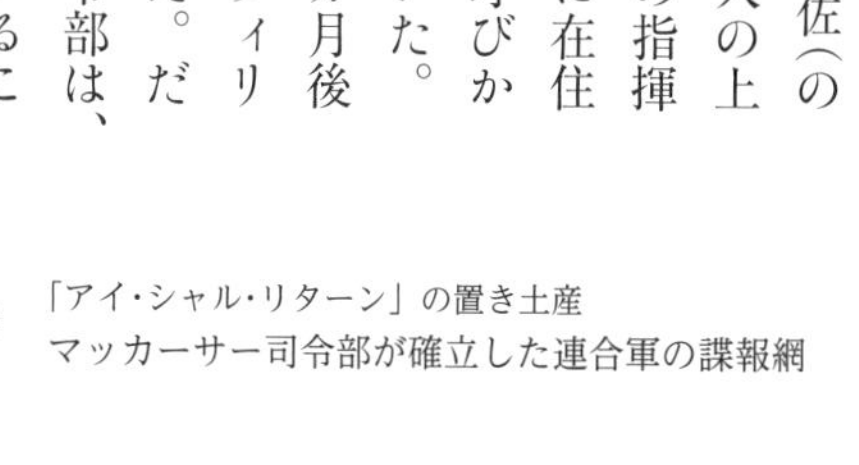

たわむれにモロ族の帽子をかぶったミンダナオ島のゲリラを統括していたウェンデル・W・ファーティグ大佐。本業は鉱山技師という。

こうしてコレヒドールが陥落して数カ月後の昭和十七年夏ごろまでには、早くもフィリピン群島全域にゲリラ隊が誕生していた。だが、オーストラリアのマッカーサー司令部は、フィリピン各地にゲリラ部隊ができていることなど知る由もなかった。コレヒドール陥落後、オーストラリアのマッカーサー司令部と連結を保っていたのは、フィリピン陸軍中佐ギレルモ・ナカルの無線通信所だけだった。ナカル中佐は日本軍の捕虜になるのを免れたアメリカ人とフィリピン人のグループを率い、ルソン島のヌエバ・エチア州で抗日運動を組織しようとしていたが、昭和十七年八月二十二日に送った通信を最後に交信を絶ってしまった。ナカル中佐の無線所は日本軍に突き止められて襲撃を受け、彼と主要メンバーは捕まって、九月初めにサンチヤゴ要塞で処刑されていたのである。

マッカーサーの情報部が、初めてフィリピンの状況を知ったのはそれから間もなくであった。フィリピンを脱出した二組の将校たちが、決死の航海を続けて相次いでオーストラリアにたどりつき、日本軍の状況やゲリラ部隊の行動などをマッカーサー司令部に報告したのである。

その一組は、コレヒドールを脱出したウィリアム・L・オズボーン陸軍大尉とディモン・J・ゴーズ陸軍大尉で、二人は小さな舟でコレヒドール→パラワン→北ボルネオ→タウィタウィ、そしてマカッサル海峡を越えてオーストラリア大陸にたどりついたという。

もう一組はフランク・H・ヤング陸軍大尉である。ヤング大尉は日本軍に降伏しないでルソン島中部に踏みとどまっていた米比軍の兵士を集め、ゲリラ戦を指揮していたクロード・ソープ陸軍大佐の連絡員としてオーストラリアにたどりついた。ヤング大尉もオズボーン大尉たちと同様、苦難の航海だった。七月に中部ルソンを出発したヤング大尉は、ビコール→サマール→レイテ→セブ→ネグロス→パナイと島伝いに進んだ。このパナイ島でアルバート・クレスタットというドイツ人と一緒になり、サンボアンガを通って二カ月後にオーストラリアにたどりついている。そしてオズボーン大尉たちと同じく、途中の島々で目撃した敵情とともに、ゲリラ部隊の現状を詳細に報告したのである。

## 司令部に届いたゲリラ部隊の無電

日本軍占領下のフィリピンで多くのゲリラ部隊ができていることを知ったマッカーサーの司令部は、これらゲリラ部隊を統一した指揮下に置けないものかと考えた。しかし、ゲリラを指導している人物が誰なのか、その規模がどれくらいなのかもはっきりしない。すでに昭和十七年七月六日のＧＨＱ（連合軍総司令部）命令によって「連合軍情報局」（Allied Intelligence Bureau：ＡＩＢ）という秘密工作を主としたセクションを設置していたマッカーサー司令部は、なんとかフィリピンのゲリラ部隊との連絡が取れないものかと腐心していた。そうした昭和十七年十一月、サンフランシスコ無線電信局（ＫＦＳ）が、ルソン島北部のアメリカ人ゲリラ指揮官ラルフ・プリーガー陸軍大尉（のち少佐）のＷＹＹ局が発信した無線電信をキャッチした。無電はこう訴えていた。

「軍政および民政機関の協調は完璧。武器、弾薬を供給してくれるならば、許可を得て五千名の健康な新兵、予備役将校訓練隊、情報部隊を編成することが可能」

そのときワシントンにおり、のちにＧＨＱ参謀第二部のフィリピン班の情報指揮官になるジョセフ・Ｋ・エバンス陸軍大佐は、このプリーガー大尉の無線局との交信を試み、ついに十二月に入ってから交信に成功した。これがフィリピン・ゲリラと無線連結が取れた最初のものとなった。

パナイ島のペラルタ大佐からの無電はオーストラリアのマッカーサー司令部でキャッチされた。ペラルタ大佐は、いま自分の指揮下には八千のゲリラがおり、州都を除いた島内の内陸部と西海岸はすべて支配していると伝え、こう続けていた。

「市民と官吏は九九パーセントが忠誠。補給物資は都市以外ならどこへでも投下が可能。潜水艦は州都から三〇キロ以上離れた海岸ならどこへでも接岸可能」

そして、こうもつけ加えていた。

「パナイの兵士は一兵にいたるまで、みなマッカーサー閣下に絶対的信頼感を持っております」

プリーガー大尉やペラルタ大佐の無電がキャッチされたのは、二人とも降伏前から各自に与えられていた連絡確保の緊急用暗号を使用したからである。このため二人はただちにオーストラリアのマッカーサー司令部から応答があり、交信が確保された。しかし、ミンダナオ島のファーティグ中佐は間違った周波数と、すでに使用中止になっている暗号を使って打電していたため、なおしばらくはオーストラリアとの交信はできないでいた。

ともあれ、オーストラリアのＡＩＢは、こうしてフィリピンとの連絡の端緒をつかみ、十二月には二二通の無線通信を受信し、現地フィリピンの事情が多少なりともわかってきた。

そして「いたるところに忠誠な組織がつくられつつあること、また必要なら多くの場所で好意的な人物との接触が可能であるということが、ハッキリした」（『マッカーサー戦記』）ため、Ａ

ＩＢの責任者であり、Ｇ２部長でもあるウィロビー少将は、フィリピンにおける抵抗運動が大きく発展する可能性があると判断、本格的にゲリラ部隊の強化と指導体制の確立に着手した。

## 完成するゲリラへの支援態勢

当初、フィリピン・ゲリラへの各種援助は連合軍情報局が行っていた。当時、マッカーサーのＧＨＱが必要としていたのはフィリピン全域の正確な情報と日本軍の動向、兵力、ゲリラや市民感情の実情だった。しかし、これらの情報を収集し、正しい判断を下すには無線通信で伝えられるゲリラ指導者たちからの報告だけでは不十分だった。

すでにこのときミンダナオのファーティグともやっと交信が結ばれ、かなり詳細な報告が届くようになってはいたが、フィリピン全体の情勢を把握するにはほど遠いものだった。しかし連合軍情報局（ＡＩＢ）には、ファーティグ中佐以上の情報源を手にする術はない。そこでＡＩＢは、フィリピン・ゲリラへの兵器や弾薬、より高性能な無線装置、さまざまな補給物資とともにＡＩＢ配下のベテラン諜報員を送り込むことにした。その第一便が昭和十八年（一九四三）一月の初め、米潜水艦「ガジョン」によってフィリピン中部のネグロス島に送られた。

諜報部隊の指揮官はヘスース・ビラモル少佐といい、五人のフィリピン人が隊員に選ばれた。フィリピン人のビラモル少佐は、日本との開戦初期に雲霞のごとく押し寄せた日本軍機に敢然と立ち向かい、次々と日本機を撃墜した戦績を持つ飛行士で、フィリピンでは有名な英雄の一人だった。そのためビラモル少佐と五人の隊員は、日本軍だけではなくフィリピン人にも身分を知られないよう農民や漁民に変装してペラルタなどゲリラ指導者たちと会い、スパイ網の確立に奔走した。そしてビラモルはマッカーサーが「アイ・シャル・リターン（私は必ず戻ってくる）」の約束通り、昭和二十年（一九四五）にフィリピンを奪還するまで活躍し、フィリピン全土をつなぐ諜報組織とゲリラ組織の統轄に多大な貢献をするのである。

第二便は潜水艦「タンボール」でミンダナオ島のファーティグ中佐に送られた。一、〇〇〇トンの補給物資とともに送り込まれた諜報員は、米海軍中佐のチャールズ・パーソンズといった。彼は日米開戦まで二〇年間もフィリピンに住んでいた予備役軍人で、日本が占領後、民間人の日米交換船で家族とともにアメリカに帰ったあと、ワシントンの海軍省に出頭して「フィリピンに潜入してゲリラとマッカーサー将軍の使者になりたい」と申し出た。これを知ったマッカーサーは即座に電報を打ち、パーソンズを呼び寄せたのだった。加えて彼はファーティグ中佐とはマニラ時代からの旧友だったから、ただちにミンダナオに補給物資を送り届ける潜水艦「タンボール」の乗客にされたのであった。

このときの任務は、ゲリラに対して自ら〝准将〟と名乗っていたファーティグ中佐が、はたしてゲリラの指揮官としてふさわしい人物かどうかの調査と沿岸監視基地網の設立だった。この第一回目の任務を皮切りにパーソンズと副官のチャールズ・スミス陸軍大尉は、その後も何回か潜水艦でフィリピンとマッカーサー司令部の間を往復し、使者の役目を立派に果たしたのだった。

## 連合国を勝利へ導いたゲリラ隊の功績

フィリピン・ゲリラへの支援活動が本格化した昭和十八年の春、GHQは支援業務の担当をそれまでの参謀第二部（G2）から切り離し、独立の「フィリピン地域課（略称PRS）」を設けて、よりきめの細かい支援態勢を作った。新しいセクションの長にはマッカーサーが信頼する側近のコートニー・ホイットニー大佐（のち少将）が就いた。ホイットニーは日本占領時代には民政局長として占領行政を推進する男であるが、かつてはマニラで法律事務所を開いていた著名な法律家でもあったから、フィリピンの情勢には明るく、人脈も豊富だった。フィリピン地域課の責任者としてはうってつけの人物だった。

またホイットニーはアイディアマンでもあった。彼は「アイ・シャル・リターン—マッカーサー」と印刷したマッチ箱や鏡、タバコなどを大量に製作して潜水艦で運び、フィリピン住民にバラ撒いて士気の鼓舞をはかったりしている。あるいは日本軍がマニラ市民に押しつけていた軍票（住民は「ミッキー・マウス・マネー」とあざけっていた）の価値を暴落させるために、アメリカ本国の造幣局で日本の軍票そっくりのニセモノを印刷してもらい、それをマニラなどの主要都市にバラ撒いたりもした。

こうしてゲリラ隊への物的・人的補給態勢が整うのと並行して、現地フィリピンでは活動範囲をめぐってゲリラ指揮官の間に縄張り争いが起きてきた。日本軍占領下という危険な中で気の荒

ホイットニー大佐は雑誌の表紙にもマッカーサーの写真と「I shall return」の文字を刷り込んで大量にばらまいた。

コートニー・ホイットニー大佐。

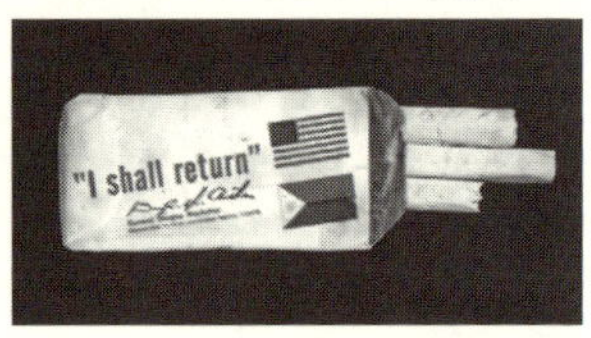

ホイットニー大佐のアイディアで造られた「I shall return（私は帰ってくる）」の文字が入れられたタバコ。

いゲリラたちを指揮するほどの男たちだから、いずれも個性が強く、喧嘩っ早い者が多かった。報告を受けたマッカーサーは、即座に断を下した。

「フィリピンの軍管区を復活すればよい」

これは名案だった。ゲリラの指導者の大半は米陸軍の将校かフィリピン陸軍の将校だったから、旧軍管区という区分けは明瞭にわかったし、その上、旧軍管区を活動拠点にしている指導者たちはそのまま「指揮官に任命する」という命令だから大いに満足した。

フィリピンにおけるゲリラ部隊は、その最盛期には二〇万人に達したともいわれている。これら〝ゲリラ〟の中には、日本軍司令部の中枢に潜り込んでいたかってのフィリピン軍高官や、日本によって樹立されたラウレル政権に潜り込んでマッカーサー司令部に情報を送り続けていた政治家など、銃の代わりに知力を武器に戦っていた者たちも数多い。そして、これらゲリラたちは、昭和十九年十月のマッカーサー軍のレイテ上陸作戦に合わせて、できうる限りの準備を整えていたのである。マッカーサーはレイテ上陸後に語っている。

「フィリピン解放のため、わが軍が前進するにあたり、われわれは、すばらしい援助をゲリラ部隊から受けている。それは、わが軍の直接進撃地域はもちろん、その隣接諸島一帯に活躍しているゲリラ部隊から与えられているのである。ただ今、私はこれら偉大な愛国者たちに対し、公の感謝と表彰を呈するものである」(『マッカーサー戦記』)

## マッカーサー司令部が確立した「連合軍情報局」

敗軍の将となったマッカーサー大将がオーストラリアに脱出したあと、前記のように部下の将兵はゲリラ部隊を組織して日本軍に抵抗を続けていた。ではその間、フィリピンを脱出したマッカーサーと幕僚たちは何をしていたのだろうか。

幕僚の中には参謀長のリチャード・K・サザーランド陸軍中将、参謀副長のリチャード・J・マーシャル陸軍少将、参謀部第一部(G1)長のチャールス・P・スタイバース陸軍少将、参謀部第二部(G2)長のチャールス・A・ウィロビー陸軍少将などがおり、暗号部長のエイキン陸軍少将と暗号係のシャー陸軍少佐も含まれていた。幕僚の大半は、来るべきフィリピン奪還作戦を計画する上で必要不可欠な人物という基準で人選されたが、暗号係のシャー少佐は、もし日本軍の捕虜になった場合、日本軍は米軍の暗号解読のカギを白状させようとして、必ず大佐を拷問責めにするに違いないという「人道的見地」から脱出組に入れられたという。

もちろん、これだけの幕僚陣で対日反攻作戦など立案できなかったから、オーストラリアにたどりついたマッカーサー司令部は、参謀部第三部や、第四部、第五部の長などを本国から補強して陣容の建て直しをはかった。しかし、戦闘部隊も当時の日本軍に対抗するにはあまりにも貧弱だったし、また、オーストラリアを出発点にしてニューギニア→ソロモン諸島→オランダ領東印度などを経てフィリピンにたどりつくには、あまりにも情報が不足していた。不足というよりも皆無に近かった。

マッカーサー司令部の情報部長ウィロビー少将は『マッカーサー戦記』に書いている。

「日本軍の兵力、資源、配備、戦時編成についての正確な情報が世界のどこを尋ねても得られなかったこと。日本軍の現に占領している地域、ならびに、まさに占領しようとしている地域の地形に関する情報が乏しかったこと（地図が豊富に整備されているヨーロッパ戦線に比べると、たとえばニューギニアなどは測量されたことのない無人地帯ともいうべきものであった）。敵日本軍の使う言語が、世界で最もわかりにくいものの一つで、捕虜の訊問、押収文書などの翻訳、傍受暗号の解読が困難だったこと。地理の仕事、語学の仕事、秘密活動の仕事にたずさわらせるため、ただちに情報機関を組織せねばならなかった」

マッカーサーの情報部、すなわちウィロビー少将のG2は、オーストラリアのブリスベーンで司令部を再編したとき、配下の情報活動機関は皆無だった。その後、マッカーサーの南西太平洋軍司令部はさまざまな情報機関を創設、あるいは統括していったが、それら各種情報機関はすべてウィロビー少将のG2の指揮下に置かれていた。そのウィロビーの情報部が最初に目をつけたのが、オーストラリア海軍の情報部長R・B・M・ロング大佐が組織している秘密活動機関の「沿岸監視隊」だった。

沿岸監視隊の歴史は古く、はるか第一次世界大戦後まで遡る。オーストラリアが委任統治していたイギリス領はビスマーク諸島からソロモン諸島、ニューギニア、そしてオーストラリアと広大な海岸線を有している。そこでオーストラリア海軍は、これらの海岸線を見張る監視網の確立を続けてきた。監視員に選ばれたのは、それらの地域に居住しているさまざまな人たちで、たとえば太平洋戦争が始まったときの監視員には、ニューギニアには屈強な金鉱鉱山家がいたり、ソロモン諸島にはコプラ商人や農園の管理人、港湾の電信員、委任統治領の行政官、あるいは宣教師といったさまざまな職業の人たちがその任に当たっていた。

監視員には熱帯の暑さや湿気にも耐えられる特別製のバッテリー起電式無線機が支給され、通話なら六四〇キロ、送信するだけなら九六〇キロ先まで届くものだった。そして、これら沿岸監視員たちは、昭和十七年に入って自分のいる島が次々と日本軍に占領された後も、現地住民の協力を得てジャングルの奥に潜み、活動を続けていた。その活動の詳細は後出の「連合軍の耳目となった『沿岸監視隊』」や「ガ島の残置諜者」などを紹介する後章をお読みいただきたいが、彼等は見事な功績を挙げていく。

ウィロビー少将のG2は、この沿岸監視組織を指揮下に入れると同時に、拡大、拡充をはかることにしたのである。そして、民間人である沿岸監視員は捕虜になった場合を考慮して、国際法で保護させるためにすべてオーストラリアの陸海軍に編入した。すなわち、沿岸監視員から沿岸監視隊員にしたのである。さらにブリスベーンの連合軍総司令部（GHQ）は、昭和十七年七月六日に沿岸監視隊をはじめとする在オーストラリアの各種諜報機関を「連合軍情報局（略称・AIB）」という一つの組織に統合する命令を出した。

その任務は「対日戦術（作戦）情報の入手」とはっきり規定され、「敵に関する情報を入手し報告すること、謀略および士気の破壊によって敵を弱めること、そして敵占領地域において同じような仕事をやっている現地在住者に援助を与えること」とされた。

在オーストラリアの連合軍は、米軍、オーストラリア軍、それに日本軍に蘭印から追われたオランダ軍で構成されていたが、連合軍情報局の各国の班長はすべてオーストラリア軍人の「監査役」の指揮を受けることになり、副指揮官にはアメリカ軍人が就いた。そして各監査役はウィロビー少将のGHQ参謀第二部（G2）の直接指揮下に置かれた。

しかし、参加各国の主権を尊重する意味から、担当地域は開戦前の各植民地区分をそのまま取り入れ、実際の工作員もそれぞれの宗主国のメンバーを充てた。その方が日本軍占領下の地域に潜入して活動している工作員にとって、現地住民の協力が得やすいし、土地勘もあると判断したからだった。

こうして日本軍占領下での秘密活動の組織を整備した連合軍情報局は、オーストラリア海軍が築き上げた沿岸監視員を中核に、さらに潜水艦やパラシュート降下によって人員、物資とも続々補強して強力な情報・諜報網を南西太平洋の島々に作り上げていったのである。

## 成功しなかったインドネシアでの工作

連合国各国の植民地による担当区分けは、オーストラリアが担当した英国の植民地地域や、アメリカが担当したフィリピンなどでは現地住民の協力も積極的で、情報収集や後方撹乱（ゲリラ戦など）に目を見張る成果をあげるのだが、オランダの担当地域であるジャワ、スマトラをはじめとする蘭印（現インドネシア）では必ずしも成功しなかった。その理由はさまざまあるが、最大の理由は開戦前までのオランダの統治の仕方が、あまりにも現地住民を無視した強圧的なものだったため、住民の多くはオランダに対して反感を抱いていたことであろう。それともう一つ、ジャワを占領した日本軍は「アジア人のアジア」を宣伝文句に、「大東亜共栄圏」構想をぶちあげて、異教徒であるオランダ人（キリスト教）とジャワの経済を牛耳っている華僑の排除キャンペーンを繰り広げ、住民の大部分を占めるイスラム教徒を支持したことにもよる。

米陸軍戦史センターで戦史研究を重ね、その後、アラバマ大学で歴史の教鞭をとっていたロナルド・H・スペクターは『鷲と太陽』（毎日新聞訳、TBSブリタニカ）に書いている。

「日本軍の占領への東南アジア諸国民多数の暗黙の支持は、戦争の最後の年まで連合軍の秘密作戦への恐るべき障害となった。マッカーサーの連合軍情報局（AIB）のオランダ人、オーストラリア人機関員はジャワで作戦を行おうとしたがおおむね不成功に終った。なぜなら地元インドネシア人は協力を拒否し、しばしば日本側に寝返って、連合軍機関員を裏切ったからである」

そして、スマトラのパレンバン浸透をめざした「ある優秀なインドネシア人機関員」は、上陸と同時に日本軍憲兵に逮捕されてしまったといい、次のような事例も紹介している。

「一九四二年に日本の手に落ちたポルトガル植民地、チモール（ジャワ東方）に浸透しようというAIBの試みは悲惨な結末を迎えた。ポルトガル人とオーストラリア人からなる三十四人のチームは、四三年九月、チモールで日本軍に捕まった。日本側はその後、このチームの無線を使ってオーストラリアとの交信を始め、ニセ情報を送ったのだった。

AIBはおめでたいことにそのチームの運命について終戦まで知らないままだった。彼らに合流するために送り出された二つのチームも簡単に日本軍の手に落ちた」

G2のウィロビー少将も〝オランダ軍の失敗〟を認めている。

「AIB内のオランダ班はなかなか困難な問題にぶちあたった。なお、オーストラリアに移ってきたオランダ軍の残党は、あらゆる兵種において人員が非常に少なかった。その上、特殊活動員を潜入させねばならぬ地域はオランダに対し非常に敵意をもっていた。一九四二年九月中旬から、一九四五年八月までの間、オランダ班が合計三〇回の仕事を企てたが、そのうち三分の一以上は、その活動員が『行方不明または日本軍の捕虜となった』ものとして失敗した（中略）。そんな場合、その土地の原住民が日本憲兵に協力したのである」（『マッカーサー戦記』）

## 諜報員に救助されたケネディ大統領

だが、これら旧蘭印地区を除くニューギニアやソロモン地区では、沿岸監視隊員を中心にしたAIB要員の活動はめざましかった。常設的な沿岸監視隊員の配置場所は、当初はニューギニアのアイタペからサマライに至る北岸地区とパプアの南岸地区、それにトレス海峡地区であった。その後、連合軍の作戦の進展に合わせてニューブリテン島北岸に二カ所、ティーバー島に一カ所、ニューアイルランド島のムリアマに一カ所、ソロモン諸島のブカ海峡に一カ所、日本軍の前線航空基地があるブインに一カ所が増設された。この増強によってAIBの沿岸監視網は、西はニューアイルランド島のカビエンからラバウルのあるニューブリテン島のココポ、ブカ島、ブーゲンビル島、ベラ・ラベラ島、コロンバンガラ島、ニュージョージア島、レンドバ島、フロリダ島、そしてガダルカナル島と、ソロモン諸島を縦断する形で東南に一直線に敷かれたのである。

ラバウルを基地にする日本軍機の上空通過を正確に捉え、その時刻と機数をガダルカナルの米軍基地にいち早く通報して、迎撃態勢を万全にさせていたのも、これらソロモン諸島に配置された監視隊員たちだった。

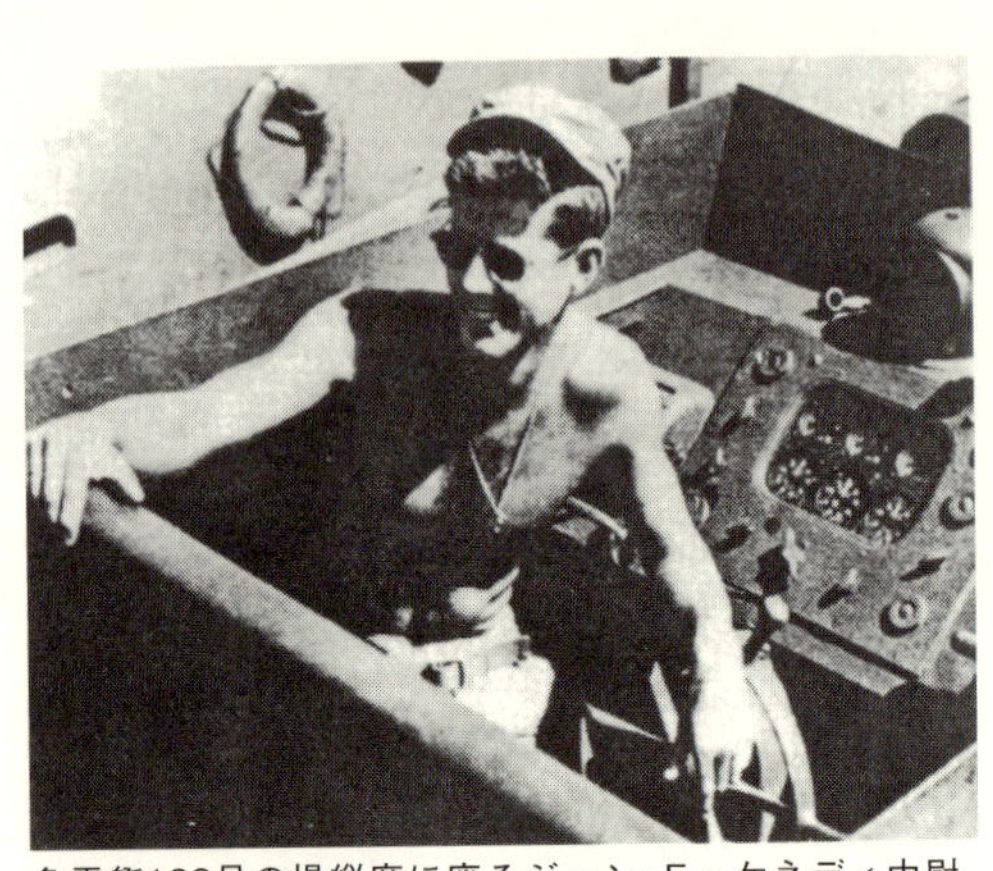

魚雷艇109号の操縦席に座るジョン・F・ケネディ中尉。この109号艇は日本軍の駆逐艦「天霧」に撃沈され、海に投げ出されたケネディは沿岸監視隊員に救助された。

沿岸監視隊員の任務は諜報作業だけではなかった。日本軍機との空中戦で撃墜されたり不時着した飛行機のパイロットの救助、日本軍との海戦で撃沈された艦艇乗組員の救助でも活躍していた。前出のスペクターの著書によれば「沿岸監視隊は一〇〇〇人以上の米軍パイロットの救助に力を貸した」という。一九四三年八月に、ソロモン諸島のコロンバンガラ沖で日本の艦艇に沈められたPTボート一〇九号艇の艇長は、のちに米大統領になるジョン・F・ケネディ中尉だったが、この艇長と乗組員を救助したのもコロンバンガラのオーストラリア人監視隊員のアーサー・レジナルド・エバンスだった。

さらにAIB機関員は、マッカーサー軍の〝蛙飛び作戦〟が始まってからは、上陸作戦部隊に先立って敵地に潜入、日本軍守備隊の動静を把握するとともに、現地住民の扇動工作などにも従事した。連合軍のニューブリテン島グロスター岬への上陸作戦のときは、二カ月前に一六名の機関員と訓練された現地住民二七名が潜水艦で運ばれ、日本軍の情報を収集していた。戦争の後半に連合軍はアドミラルティ群島のロスネグロス島やマヌス島の攻略を行うが、このときも多くの機関員たちが事前に敵地潜入を果たして情報収集を行っていたという。

ウィロビーは書いている。

「『連合軍情報局』および、それを構成する各部は終始見事な成果を上げた。たった一カ年の間に、陸上基地から飛行機で九十一回、潜水艦および水上艦艇で十四回、飛行艇で五十回、計百五十五回、敵地に対する行動が行われた。これによって秘密活動班に投下または引き渡された物資は約三十五万ポンドにのぼった」

そして、こうも記している。

「彼らのうち、あるものは現地人の輸送人夫に裏切られた。実際、連合軍情報局の秘密活動員の損害は多く、大勢が生命を失った。秘密使命として与えられた作業が二百六十四あったが、それを果たすのに死者百六十四名、捕虜七十五名、行方不明百七十八名を出した」

## 多大な功績を挙げた二つの組織

戦場での秘密活動を主任務にした連合軍情報局の他に、マッカーサーの情報部で戦術情報に貢献したセクションに無線交信解析と暗号解読を任務とした「中央局（CB）」と「連合軍翻訳通訳班（ATIS）」があった。

CBはフィリピンから脱出してきた米陸軍の第二通信中隊とオーストラリア陸軍特別無線グル

ープ、それにオーストラリア空軍の通信班が合体してできたものだった。

ジョゼフ・R・シャー少佐（のち中佐）に率いられたフィリピンの米第二通信中隊は、そもそもは日本の外交電報を傍受してワシントンに転送するために設けられたものだったが、コレヒドール島の海軍暗号解読係と連携して日本軍の通信解析や暗号解読も行うようになっていった。そして日本軍との戦闘が開始されるや、日本の航空隊が取り交わす大量の通信解析に全力をつぎ込んだ。その結果、台湾を基地にフィリピン攻撃に向かってくる日本軍機の上空到着時刻をかなりの確度で読めるようになっていた。

だが、フィリピンの米比軍はバターン半島で敗れ、コレヒドールでも風前の灯になった。第二通信中隊は海軍の通信情報部隊とともに陥落直前のコレヒドールを脱出、オーストラリアにたどりついたのである。しかし、本格的な反攻作戦を開始するには、第二通信中隊はマッカーサー司令部の通信情報部隊としてはあまりに小さすぎた。そこで北アフリカと中東で活躍してきたオーストラリア陸軍の特別無線グループと合体し、本格的に日本軍の無線交信解析と暗号解読に取り組むことになったのだ。

このCBはマッカーサー司令部の通信部長スペンサー・B・エイキン少将の指揮下に入り、急速に増大していった。隊員はアメリカ、イギリス、オーストラリア、カナダの各軍から引き抜き、日本陸軍の暗号解読に挑戦していった。スタッフもふくれあがり、昭和十八年（一九四三）末までには一、〇〇〇名を超え、戦争が終結する昭和二十年には各戦域の支隊を合わせると四、〇〇〇名を超すまでになっていた。同時にCBはオーストラリア軍を通じてイギリスが解読に成功していたドイツ暗号の解読情報「エニグマ」や、日本陸軍の交信解読に成果を上げているインドのイギリス軍暗号解読班とも協力関係を築いていった。

CBの通信解析と暗号解読は、マッカーサー軍の〝蛙飛び作戦〟に決定的な役割を果たした。たとえばニューギニア戦線のホランディア、アイタペ作戦では日本軍の兵力の規模から配置状況、補給の実態などの確実な情報を戦闘部隊に提供したし、マダン、ウエワク、ハンサ湾地区の日本軍の防衛計画なども裸にしていた。このためマッカーサー軍は大胆な〝蛙飛び作戦〟を実施することができたのである。

前出のスペクター教授も書いている。

「CBは一九四四年三月にも、ブーゲンビル島の米軍に同じような役目を果たした。三月十九日、CBは日本の第十七師団が三日後にタロキナの米軍に攻撃をかける計画を東京に報告している電文を傍受した。それは二十一日正午までに翻訳され、ただちにタロキナに向けて打電された」と。

ニューギニアからフィリピンに攻めのぼるマッカーサー将軍の連合軍にとって、CBとともに重要な役割を担ったもう一つの情報組織が「連合軍翻訳通訳班(ATIS)」である。これら〝語学兵〟を中心にATISが組織されたのは昭和十七年九月十九日で、マッカーサー司令部の中でもユニークな組織だった。対する敵が日本軍であった関係から、組織の一般隊員の大半は日系二世、あるいは三世などの日系アメリカ人が採用されていた。

しかし、日米が開戦した当時、米軍の中で難解な日本語を完璧に話したり理解できる将兵は「一〇〇人もいなかっただろう」と言われたほど少なかった。そこで米陸軍情報部は急遽、日本語研修のための学校を開設し、日系人を中心に語学兵の速成に入ったのである。そして最終的に日系人を主力にしたマッカーサー軍の語学兵は約五、〇〇〇名にも達したといわれ、これら語学兵の多くは第一線部隊と行動をともにして日本軍捕虜の尋問、通訳、押収文書の翻訳、ときには洞窟やジャングルに潜む日本兵への投降呼びかけなど、ウィロビー少将にいわせれば「おそらく戦争で最も重要な情報機関」の一つだったという。

ATISの特出した功績の中には、日本でも知られている「海軍乙事件」（第十章参照）の際の「Z作戦計画」の翻訳がある。詳細は後章に譲るが、昭和十九年（一九四四）三月末に連合艦隊の戦闘指揮所をパラオからフィリピンのダバオに移すために、古賀峯一司令長官と福留繁参謀長は幕僚とともに二機の二式大艇に分乗して飛び立ったが、嵐に巻き込まれ、福留機はセブ島沖に不時着、古賀機は行方不明になった。その際、福留参謀長が持っていた連合艦隊の秘密文書「Z作戦計画」がゲリラに奪われ、オーストラリアのATISに送られて英訳された。翻訳に当たったのは日系人語学兵で、おかげで米機動部隊はのちのマリアナ沖海戦やレイテ海戦で完勝することができた。

またガダルカナル戦の最中に、ニュージーランド海軍のコルベット艦「キーウィ」と「モア」に衝突されてガダルカナル沖で座礁した日本の「伊一号」潜水艦から回収した文書に目を付け、それを翻訳して日本海軍の艦艇、航空部隊、航空基地の名称、呼び出し符号および暗号名など、日本海軍の最重要機密を裸にしたのも、これら語学兵たちだった。詳細は後述するが、この文書の翻訳によって、アメリカ軍は日本海軍の暗号解読に決定的なキーワードをつかむことができたのである。

これらの功績は、ATISの活動のほんの一部に過ぎない。ある米軍人は「彼らの活躍によってアメリカは戦争を一年、あるいは二年早く終結することができた」といい、「百万人以上の人命が救われた」と見ている人もいるという。こうして連合軍情報局の活動と合わせ、マッカーサー軍は情報・諜報の分野でも日本軍を完全に圧倒するようになり、念願の約束「アイ・シャル・リターン」を実現するためにフィリピンに向かって攻め上るのである。

では、情報戦で早くも日本軍を追い抜こうとしていた米軍は、日本軍をどのように迎撃していったかを生起した代表的戦闘の中で見てみたい。

第三章　珊瑚海海戦の勝者

## 米軍に漏れていた日本の「MO作戦」計画

### 日本軍のMO作戦計画

真珠湾攻撃とマレー半島上陸作戦で開始した日本軍の第一段作戦（南方進攻作戦）は、順調すぎる勢いで進展していた。豊富なゴム資源を有するマレー、シンガポールを征服し、次いで蘭印（オランダ領東インド）の油田地帯を獲得し、さらに触手を西はビルマ（現ミャンマー）から東はソロモン諸島まで伸ばしていた。アメリカの暗号研究家で全米暗号協会の会長だったデーヴィッド・カーンが『暗号戦争』（秦郁彦・関野英夫訳、早川書房）で「開戦後半年を経ないうちに、地球上の一〇分の一に近い広大な地域に日章旗がひるがえったのである。それは史上もっとも目ざましい軍事的征服であったといえよう」と述べているように、まさに日本軍は快進撃で、開戦前の作戦計画の大半を達成してしまった。

この緒戦の大勝利に酔った日本軍の大本営は、占領地域の安全を高めるために外郭陣地の前進と拡大を狙った。そして昭和十七年（一九四二）四月十六日、大本営海軍部（軍令部）は陸軍部（参謀本部）の同意を得てオーストラリア北部への進攻と、太平洋の孤島ミッドウェー島の攻略などを盛り込んだ第二段作戦計画を決定し、永野修身軍令部総長が上奏、天皇の裁可を得た。

この二叉進攻作戦の一つ、オーストラリア北部方面への進撃の手始めとして、まずニューギニア東南部の要衝ポートモレスビーの攻略が企図された。占領後はここを基点としてニューカレドニア、フィジー、サモアなどを次々に占領してアメリカとオーストラリアの連絡線を遮断し、オーストラリアが対日反攻基地化するのを阻止することが目的であった。珊瑚海海戦は、そうした日本の企図を粉砕しようとする米機動部隊（空母中心の艦隊）との間に起こった、史上初の空母対空母の海戦であった。

ポートモレスビー攻略作戦は、やがて「MO作戦」と呼称されるが、作戦計画はすでに開戦間もない昭和十七年一月から陸海軍の間で話し合いが進められていた。その後、ポートモレスビー攻略と同時に、ソロモン諸島のツラギ島攻略も併(あわ)せて実施されることになる。ガダルカナル島の対岸にあるツラギには、当時、オーストラリア軍の水上基地があり、ソロモン諸島統治の中心地でもあった。

MO作戦の総指揮は第四艦隊司令長官の井上成美(いのうえしげよし)中将が執(と)ることになったが、井上は作戦の中核となる第四艦隊の基地航空兵力の整備が不十分などの理由で、より強力な空母を増強したいと連合艦隊司令部に要請した。このためインド洋作戦から帰投中の南雲機動部隊の中から、第五航空戦隊（司令官・原忠一少将）の新鋭空母「翔鶴」と「瑞鶴」が引き抜かれ、この二隻の空母を中心にした「MO機動部隊」（指揮官・高木武雄少将）が新編成された。また、完成したばかりの軽空母「祥鳳」が、第六戦隊を主体とする「MO攻略部隊」（指揮官・五藤存知少将）に編入された。

作戦計画では、まずMO攻略部隊（MO主隊と援護部隊）がツラギ攻略部隊を支援し、ツラギ攻略後は機動部隊とラバウルの基地航空隊の援護のもとに、MO攻略部隊全力がポートモレスビー攻略を敢行しようというものであった。そして作戦準備は急ピッチで進められ、出撃態勢が整えられていった。

第4艦隊司令長官井上成美中将。

## 日本軍のMO作戦を捉えたハイポ

井上成美中将の総指揮のもと、日本軍が出撃準備に追われているとき、ハワイのチェスター・W・ニミッツ大将指揮下の米太平洋艦隊司令部も作戦準備に追われていた。とりわけニミッツ長官の〝諜報組織〟は、四月に入って急に増大した南太平洋の日本軍艦艇間の無線交信の暗号解読に追われていた。

米太平洋艦隊の〝諜報組織〟は暗号名「ハイポ」と呼ばれていた「艦隊無線班」（のち戦闘情報班）のことで、敵（日本軍）の通信を解析したり暗号を解読するセクションのことである。もう一つの情報センターは、正式には「太平洋地域情報センター（ＩＣＰＯＡ）」といい、中部太平洋地域で作戦する全部隊（陸・海・海兵隊）に対しての情報の収集、照合、配布をするための組織として一九四二年六月二十四日に発足する機関で、このときは設立準備の真っ最中であった。この二つの機関とも、真珠湾の海軍工廠内に建つ第一四海軍区司令部補給ビルの地下に置かれていた。

このハイポの責任者ジョセフ・Ｊ・ロシュフォート中佐は、昭和十七年四月に入り、日本の連合艦隊の無線交信のなかで使われ出した「ＲＺＰ作戦」の攻撃目標はどこなのか、苦吟（くぎん）していた。ニューギニア南東端のポートモレスビーではないかと仮説を立てて推論していたが、自信はなかった。

そうした昭和十七年四月十五日、イギリス軍から日本軍の暗号解読情報が伝えられた。それによれば、インド洋で暴れ回っていた日本の機動部隊（南雲機動部隊）がインド洋を離れつつあり、その中の第五航空戦隊が「トラック島へ向かい、四月二十八日前後に同島到着の予定」だという。さらにトラック島の日本軍港務部長が強度の低い暗号を使って、第四艦隊旗艦の軽巡「鹿島」がトラック島に入港し、南水道を通って出港した旨、東京に報告した暗号も解読できた。同時に、通信解析によって日本の第四艦隊司令長官（井上成美中将）がラバウルにいることも判明した。こうした情報から、ニミッツの太平洋艦隊司令部は、日本海軍が東部ニューギニアかソロモン諸島で新しく攻勢作戦を開始しようとしていると判断した。

そうした最中の四月十八日、ウィリアム・F・ハルゼー大将率いる空母「エンタープライズ」と「ホーネット」による日本初空襲が行われた。俗に「ドゥーリットル空襲」といわれる陸軍爆撃機B25一六機を「ホーネット」から発艦させ、東京、横浜、横須賀、名古屋、神戸を爆撃して中国大陸に飛び去った空襲である。のちの日本大空襲にくらべれば被害は少ないものだったが、日本の軍部に与えたショックは大きかった。山本五十六大将は、動員できる連合艦隊配下の部隊に全力追撃命令を出した。インド洋作戦から帰投中の南雲機動部隊にまで、追撃命令を出した。しかし、ハルゼーの米空母部隊を発見することはできず、切歯扼腕（せっしやくわん）、面目は丸つぶれとなってしまった。

この日本初空襲にアメリカ国内は大騒ぎで、新聞は「日本を爆撃！　ドゥーリットル隊がやった！」と、大見出しを躍らせた。喜んだのはアメリカ国民だけではなく、ロシュフォート中佐らハワイの艦隊無線班の暗号解読者たちも喜びで沸き立っていた。米太平洋艦隊の情報参謀だったエドウィン・T・レートン少将は書いている。

「ハルゼーが日本海域から離脱しつつある間、われわれは狂ったような空中、海上偵察が行われているのをつかんでいた。われわれが連合艦隊の目的を知っており、投入可能な全艦船が捜索に投入されたため、それらの無線交信はわれわれに思わぬボーナスを与えてくれた。艦船や海岸基地の最新の呼出符号を確認し、更新することができたのだ」(『太平洋戦争暗号作戦』)

ロシュフォート中佐たちの暗号解読は俄然活気を見せてきた。日本軍の暗号電報のなかに新しく「MO」という地点略語が現れ、語学将校でもある暗号解読者のジョセフ・フィネガンは、「MOはポートモレスビーだ」と主張し、周囲も納得した。同時に艦隊無線班は、またもやトラック島港務部長が東京に報告する艦船の出入国暗号を解読した。それによると重巡「青葉」「加古」「衣笠」「古鷹」が入港したという。

これら連合艦隊の第一艦隊に所属する強力重巡隊がトラックに進出し、またポートモレスビーに地点略語が与えられたということは、同地が日本の長期作戦計画の重要地点に加えられたという証拠だと、ニミッツの太平洋艦隊司令部は判断した。

エドウィン・T・レートン少将。

ジョセフ・J・ロシュフォート中佐。

ドゥーリットル隊の日本本土空襲の興奮が収まって間もなく、艦隊無線班の暗号解読士たちは、ラバウルの井上第四艦隊司令長官が発した数通の電報を傍受した。ハワイの太平洋地域情報センター戦闘情報班員だったW・J・ホルムズ中佐（のち大佐）は回想記『太平洋暗号戦史』（妹尾作太男訳、朝日ソノラマ）に書いている。

「ラバウルにいた第四艦隊司令官が、ある艦に関する数通の電報を打電したが、この艦名を表す暗号数字をわれわれはこれまで見たことがなかった。これは明らかに新しく建造された艦であった。その艦名は『名前を表すのに使用されている文字』であるとしか分からない二つの暗号数字からなっていた。発信された通信は、航空母艦からのもののようであったが、この艦は名前の判明している空母の中には含まれていなかった。フィネガンは彼独自の理論で、この文字を〝龍鶴〟と読み、新しい空母であると主張した。そこでこの艦はアメリカ海軍内では〝龍鶴〟として知られるようになった。何カ月かのちに押収した文書から、この艦は、大型攻撃空母の三分の一の飛行機積載力を持つ軽空母で、日本海軍は〝祥鳳〟と命名していたことが判明した」

こうしてニミッツの諜報グループは、さまざまな暗号の断片を組み合わせながら、やがて「珊瑚海海戦」と呼ばれる日本軍の作戦計画の全貌ににじり寄っていったのである。

ホルムズは続けている。

「諜報パズルの断片をつなぎ合わせたところ、すき間はたくさん残ったが、代表的な日本軍の協同作戦計画が浮かび上がってきた。ポートモレスビー攻略のため主力部隊は、ニューギニア東端を迂回して珊瑚海に進出するだろう。兵力不明の別の部隊がソロモン諸島中に前進基地を確保し、さらに少なくとも重巡四隻と〝龍鶴〟からなる強力な部隊が、前記の二部隊の支援にあたることになるだろうというのであった」

ニミッツの太平洋艦隊司令部は日本軍の作戦開始日を討議した。そして大方は「五月の第一週中のいつか」ということで一致した。

ニミッツ長官は珊瑚海にいる空母「レキシントン」と「ヨークタウン」の部隊に、五月一日に珊瑚海の東端で合流するよう命令した。ところが、ニミッツの命令が各艦に到着して間もなく、ハワイのハイポは新たな暗号電報を傍受した。日本の第四艦隊司令長官を通報先に指定した、南雲機動部隊の第五航空戦隊宛の暗号電報を傍受したのである。

ロシュフォート中佐ら暗号解読者たちは、この電報に注目した。その結果、第五航空戦隊の大型空母「翔鶴」「瑞鶴」と第六戦隊の重巡「妙高」「羽黒」が機動部隊から分派されて、トラック泊地に進出するよう命じられたものと判断し、先にイギリス軍から提供された情報が正しかったことを確認した。前出のホルムズも「二隻の大型空母と、さらに二隻の重巡がポートモレスビー作戦に追加されたことは、明らかとなった」と記している。新鋭空母〝龍鶴〟に五航戦の二空母が加わったことで、その相対兵力は三対二、日本艦隊が俄然有利になったと、ハイポの隊員たちは長嘆息した。

## ツラギ島の日本軍攻撃に米機動部隊出撃

五月三日深夜、日本軍はポートモレスビー攻略に先立ってツラギ攻略を実施した。ツラギ攻略部隊は連合軍の抵抗を受けることなくツラギ西方港外に到達、あっさりとツラギを占領した。

一方、ハワイのニミッツ大将も日本のポートモレスビー攻略は五月初頭に開始されるであろうと読み、邀撃準備を進めた。しかし、この段階で空母「サラトガ」は一月に受けた魚雷の損傷修理が終わっておらず、空母「エンタープライズ」と「ホーネット」も東京空襲から帰っていなかった。ただちに使用できるのは、先に集結を命じた珊瑚海東方海面で作戦行動中の「ヨークタウン」と、真珠湾で対空兵装を強化していた「レキシントン」だけであった。そこでニミッツは「ヨークタウン」と「レキシントン」の二隻で第一七機動部隊を編成し、指揮官にフランク・J・フレッチャー少将を任命した。

第一七機動部隊の各艦艇は、五月一日に珊瑚海南東海上に集結した。空母「ヨークタウン」（旗艦）と「レキシントン」にはF4Fワイルドキャット戦闘機、SBDドーントレス急降下爆撃機、TBDデバステーター雷撃機など一四一機が搭載されており、また重巡七隻（うちオーストラリア艦二隻）、軽巡一隻（オーストラリア艦）、駆逐艦一一隻（オーストラリア艦二隻）、給油艦二隻が随伴していた。

五月三日夕刻、日本軍のツラギ上陸を知ったフレッチャー少将は、燃料補給中の「レキシントン」部隊を残し、自ら空母「ヨークタウン」を率いて北上。四日朝、ツラギに第一波攻撃（TBD雷撃機一二機、爆撃機二四機）を敢行した。そして第一波攻撃に参加した機はただちに母艦に引き返し、魚雷・爆弾を装塡し直して第二波攻撃（雷撃機一一機、爆撃機二七機）に再び飛び立った。これには新たにF4F戦闘機四機が加わり、水上基地や駆逐艦への爆撃を繰り返した。

この米軍機の襲来で、日本海軍は駆逐艦「菊月」と第一、第二掃海特務艇及び特設掃海艇「玉丸」の四隻が沈没した。また敷設艦「沖島」と駆逐艦「夕月」が小破し、二〇数名の重軽傷者を出した。米軍機の損傷は三機であった。

ツラギ攻略支援ののち北上中であったMO機動部隊は、米軍機来襲の報を受けるやただちにツラギに急行した。しかし、五日朝にいたるも米機動部隊を発見することはできなかった。

一方、五月四日にラバウルを出発したMO攻略部隊は、翌五日に空母「祥鳳」とツラギ攻略部隊からの輸送船を収容してポートモレスビーへ急行していた。

## 新鋭の軽空母「祥鳳」の沈没

MO機動部隊は五月七日も早朝から「翔鶴」の索敵機を発進させ、米機動部隊の発見に全力をあげていた。そして、この日午前五時三二分、ついに索敵機から「米空母一隻、駆逐艦三隻発見」の報告が入った。「瑞鶴」から零戦九機、艦爆一七機、艦攻一一機が、「翔鶴」から零戦九機、艦爆一九機、艦攻一三機の合計七八機が発進した。指揮は真珠湾奇襲攻撃以来のベテラン、「瑞鶴」飛行隊長嶋崎重和少佐が執った。

ところが攻撃隊が発進した直後、MO攻略部隊の索敵機から、「翔鶴」の索敵機とは別の位置で米空母を発見したとの報が入った。しかし、五航戦の原少将はそのまま「翔鶴」の索敵機が発見した位置への米空母攻撃を優先させた。だが、攻撃隊が向かった目標地点に米空母の姿はなかった。そこには油槽艦「ネオショー」と護衛の駆逐艦「シムス」の二隻がいるのみだった。攻撃隊は油槽船の東方とその近海をおよそ二時間にわたって索敵したが、ついに米空母は発見できなかった。このため嶋崎少佐はこの二隻を攻撃、撃沈したあと、全機に帰艦を命じた。攻撃隊が全機帰艦したのは午後一時過ぎだった。この間、ラバウルに司令部を置いていた井上中将は、MO攻略部隊の索敵機が発見した米空母への攻撃を督促する。しかし、機動部隊に艦載機の余裕はなかった。結局、MO機動部隊は攻撃の機会を逸してしまうのである。

一方のフレッチャー少将率いる米機動部隊は、同日の午前六時一五分にはラッセル島南方一一五浬にあり、支援の重巡「オーストラリア」及び「シカゴ」他、軽巡洋艦一隻、駆逐艦二隻を西方に進発させたあと、進路を北に転じていた。空母「ヨークタウン」を発進した索敵機からの「日本艦隊発見!」の報を受けたフレッチャー少将は、これを日本の空母部隊と判断して進撃。同部隊の北西約二二五浬に位置する日本艦隊を発見した。

フレッチャー少将は午前七時二六分に「レキシントン」機を、午前八時に「ヨークタウン」機を発進させた。戦闘機一八機、雷撃機二二機、爆撃機五三機、合計九三機の大編隊だった。しかし米索敵機が発見した「日本艦隊」は、四日にラバウルを出発した「祥鳳」をふくむMO攻略部隊であった。

「祥鳳」では、すでに会敵を予想して零戦四機、艦攻一機を直衛に上げていたが、米空母発見の報が入ったため、直衛機の収容、補給、攻撃隊の発進準備などが重なり右往左往していた。米軍の一二機編隊の艦爆隊が襲ってきたのは、まさにそのときだった。米軍機は重巡には目もくれずに「祥鳳」に突進した。上空の直衛機と対空砲火が防戦につとめる。「祥鳳」も全速力でジグザグ航法をとり、敵の爆弾を回避した。

こうして敵の第一波が終わった。「祥鳳」は無傷だった。艦長の伊沢石之介大佐は甲板に残る三機の零戦を急ぎ発艦させることにした。一番機、二番機、そして三番機が発艦しようとしたまさにそのとき、

「敵襲ッ！」

フランク・J・フレッチャー少将。

見張り員の絶叫が飛んだ。戦爆連合の米機の大群が襲ってきたのだ。「祥鳳」は懸命に攻撃をかわそうとしたが、今度は避けきれなかった。「祥鳳」は魚雷七発、爆弾一三発の命中弾を受けて大火災を起こした。そして、戦闘四〇分後の九時三三分、南海の海に姿を没したのだった。位置はルイジアード諸島の北、デボイネ島から五三浬の地点であった。「祥鳳」は艦載機六機のうち三機を失い、他の三機はデボイネ島に不時着、乗組員六三六名が艦と運命を共

にした。米機の損失はわずか三機であった。

結局、井上中将が交渉を重ねた末に兵力に加わった新鋭空母「祥鳳」は、海戦の初日に沈没したのである。

## 敵空母に着陸しそうになった夜間攻撃隊

MO機動部隊の最初の攻撃が空振りに終わったあと、原少将は熟練搭乗員のみで編成した夜間攻撃隊の出撃を決意した。第五航空戦隊の「翔鶴」「瑞鶴」は開戦直前に完成したため編成が遅く、搭乗員の練度も低かった。搭乗員の中にはまだ夜間の帰投、着艦が無理な者もいた。そこで原少将は熟練搭乗員だけで編成した夜間攻撃隊を出撃させることにした。メンバーは嶋崎少佐率いる艦攻一八機と、「翔鶴」飛行隊長の高橋赫一少佐率いる艦爆一二機の合計三〇機、七八名の熟練搭乗員たちだった。高橋少佐も真珠湾奇襲以来のベテランである。

夜間攻撃隊は、午後二時一五分に悪天候をついで発艦を開始した。そして夜間攻撃隊は米空母の予想位置に到着したが、そこに米空母の姿はなかった。仕方なく、しばらく索敵したのちに帰艦することになったが、その帰路、米軍戦闘機隊と遭遇した。爆弾や魚雷を抱いたままの空中戦が始まり、日本機は艦攻八機が撃墜された。

米軍の思わぬ奇襲のため、夜間攻撃隊は魚雷や爆弾を海中に投下し、帰途についた。と、間もなく闇夜に空母の灯火が見えた。ほっとした搭乗員たちは着艦態勢に入った。しかし、どこか様

海戦初日に撃沈された新造空母「祥鳳」の断末魔。

子が違う。ハッと気付いた。違う！　よく見ると、それは米空母「ヨークタウン」の甲板ではないか。

あわてた夜間攻撃隊は急上昇した。米機動部隊も日本機に気づき、猛烈な対空砲火を始めた。攻撃隊はすでに魚雷や爆弾を投棄していたため、文字通り米空母を真下にしながら攻撃することができなかった。このため無事に母艦にたどり着けた機は「瑞鶴」の九機、「翔鶴」の八機のわずか一七機にすぎず、五航戦はこの戦闘で一三機を失い、多くの熟練搭乗員も同時に失ってしまった。そして残る五航戦の稼動機数は零戦三七機、艦爆三三機、艦攻二六機の合計九六機となってしまった。

原少将は八日午前四時過ぎ、艦攻七機を使っての索敵を開始した。午前六時三〇分、「翔鶴」から飛び立った菅野兼蔵飛曹長の索敵機が、米空母発見の第一報を送ってきた。菅野機から続報が次々届けられる間、空母では攻撃隊の発進準備が整えられ、午

「総員退去！」令が出た米空母「レキシントン」の最期。

前七時一〇分に「翔鶴」から零戦九機、艦爆一九機、艦攻一〇機、「瑞鶴」から零戦九機、艦爆一四機、艦攻八機の合計六九機が、高橋少佐の指揮のもとに出撃した。

日本軍の攻撃隊は菅野機の誘導で午前九時五分に米機動部隊の上空に達したが、長時間の索敵飛行に続いて、自ら攻撃隊の誘導をかってでた菅野機は、このあと帰途についたが、途中、燃料不足のために空母にたどり着くことはできなかった。

九時一〇分、高橋少佐は輪形陣を敷く米機動部隊に対する突撃を敢行した。輪形陣を突破した機のうち「瑞鶴」隊は二手に分かれて「レキシントン」と「ヨークタウン」に、「翔鶴」隊は全機「レキシントン」に襲いかかった。そして「レキシントン」には爆弾五発、魚雷二発が命中し、三カ所から火災が発生した。やがて「レキシントン」は浸水が激しくなり、さらに一〇時四七分には軽油タンクから洩れたガソリンの気化ガスに引火、大爆発を起こして操舵不能になった。

一二時四五分、「レキシントン」は二度目の爆発を誘発し、乗員二〇〇余名、艦載機三六機とともに海中に消えていった。「ヨークタウン」も命中弾一発、至近弾二発を受けた。命中弾は飛行甲板を貫通して第四甲板倉庫で爆発、甲板員四〇余名が戦死し、吃水線にも大きな損傷を受けていたが、沈没はまぬがれていた。この間、日本機は空中戦で米機二三機を撃墜したものの、自らも一二機を失っていた。

攻撃隊は全弾を投下したにもかかわらず、「ヨークタウン」はまだ戦闘行動を続けていた。攻撃隊は結局「ヨークタウン」にとどめを刺すことができずに帰途につくことになるが、さらに帰投の途中で米戦闘機に襲撃される。零戦隊の援護がなかったため、攻撃隊は艦攻及び艦爆機一一機をさらに失ったのである。

## 「翔鶴」被弾、「MO作戦」無期延期

艦載機が米空母を攻撃しているころ、日本の空母「翔鶴」も米艦載機の熾烈(しれつ)な攻撃にさらされていた。

「レキシントン」の索敵機から「日本機動部隊発見!」の報告を受けたフレッチャー隊は、七時一五分、「レキシントン」と「ヨークタウン」から戦闘機一五機、雷撃機二一機、爆撃機四六機を発進させ、八時三〇分に攻撃態勢に入った。米攻撃隊は、まず「ヨークタウン」隊が午前九時に「翔鶴」に対して攻撃を開始した。続いて九時四〇分に「レキシントン」の攻撃隊がMO機動

部隊の上空に達したが、空母を発見できずに半数が脱落する。しかし、二一機は「翔鶴」に対して攻撃を行った。「翔鶴」は米機の魚雷をすべてかわしたが、艦爆による三発の命中弾を浴びた（飛行甲板前部、後部、右舷側機銃砲台）。

「翔鶴」の航行は可能であったが、甲板の損傷で攻撃機の発着艦が不能になってしまった。そこで飛び立っている攻撃機の収容を「瑞鶴」にまかせ、自らは火災の鎮火を待って巡洋艦「衣笠」などに護衛され、戦線を離脱した。「翔鶴」からは一〇〇余名の戦死者を出した。その「翔鶴」の八、〇〇〇メートル前方にあった「瑞鶴」は、うまくスコールの中に身を隠し、攻撃をまぬがれた。

連合艦隊及び南洋部隊から「作戦続行」の命令を受けた機動部隊司令部では、改めて米機動部隊の追撃を検討したが、米空母二隻を撃沈したと判断していたことや、艦艇の燃料不足などにより、現下のMO機動部隊の編成を考えて追撃を断念した。

帰投した攻撃隊は「瑞鶴」機二四機、「翔鶴」機二二機の合計四六機で、すべて「瑞鶴」に収容された。また機動部隊の上空直衛にあたっていた「翔鶴」機六機、「瑞鶴」機一機は不時着水して搭乗員のみが収容された。さらに「瑞鶴」に収容された航空機のうち、修理不能になった一二機が海中に投棄された。残存機は零戦二四機、艦爆九機、艦攻六機のわずか三九機にすぎず、修理可能と見られるもの一七機であった。それよりも、攻撃隊総指揮官の高橋少佐をはじめ、多くのベテラン搭乗員を失ったことは痛かった。

ＭＯ作戦の総指揮官である井上中将は、ポートモレスビー攻略作戦の無期延期を決定した。この決定に対して連合艦隊司令部は追撃を督促したが、すでに米機動部隊は戦場を離脱していた。

こうして史上初の空母対空母の戦い、珊瑚海海戦は終わった。この戦いで五航戦は空母「翔鶴」が中破し、さらに熟練搭乗員の多くを失い、再建を困難にしてしまった。戦いは正規空母一隻を撃沈した日本側の勝利といわれたが、のちに米軍が珊瑚海海戦で「日本は戦術的には勝利したが、戦略的には敗北した」と評したのも、多くの飛行機と熟練搭乗員の損失を指して言ったものである。アメリカと違い、日本には早急に飛行機や搭乗員を補充する能力がなかったからである。それはただちに現れ、続くＭＩ作戦（ミッドウェー海戦）に「翔鶴」と「瑞鶴」の二空母が参加できなかったことでも証明された。

珊瑚海での激闘が終わったとき、ハワイの第一四海軍区司令部の地下室ではハイポ（艦隊無線班）のメンバーが、暗号解読機から吐き出されるプリントアウトに目を凝らしていた。日本海軍は敵艦を撃破したときは「撃沈」と表現し、味方の艦艇がやられたときは「沈没」という言葉を使っていた。ハイポの暗号解読者たちは、機械がプリントを吐き出すたびに「沈没」という語句を求めて目を皿のようにしていた。

ホルムズは『太平洋暗号戦史』に書いている。

「機械がこの暗号数字をたたき出したとき、われわれは〝龍鶴〟が〝沈没〟したことを知った。『翔鶴』は被害を受け、作戦不能となった。ＭＯ占領部隊とＭＯ支援部隊とはラバウルへ引き返すように命ぜられた。何日かたって、『レキシントン』は喪失、『ヨークタウン』はひどい被害を受けたということが、地下室のわれわれのところにも洩れてきた。『祥鳳』(龍鶴)と『レキシントン』との交換では、日本の方がはるかに分がよかったけれども、ポートモレスビーはさし迫った危険から逃れることができた」

いや、太平洋艦隊司令長官のニミッツ大将は、もっと端的に表現している。

「これを戦略的に見れば、米国は勝利を収めた。開戦以来、日本の膨張は初めて抑えられた。ポートモレスビー攻略部隊は、目的地に到着しないで引き揚げなければならなかった」(『ニミッツの太平洋海戦史』)と。

# 第四章　米軍が手にした情報戦の勝利
# ミッドウェー海戦はなぜ完敗したのか

## 山本五十六長官に押しきられた新作戦計画

真珠湾奇襲攻撃以来、連戦連勝の連合艦隊ではあったが、司令長官の山本五十六大将の胸中には、つねに無傷の米機動部隊（空母部隊）の存在が重くのしかかっていた。山本は米機動部隊が健在であるかぎり、いつかは日本本土が空襲に遭(あ)うと考えていた。

では、米艦上機による本土空襲を阻止するにはどうすればいいか？　もちろん米空母部隊の壊滅以外にない。山本が開戦前に周囲の大反対を押し切って強引に米太平洋艦隊の根拠地・真珠湾攻撃作戦を行ったのも、その最大の目標は米空母部隊の撃滅にあったはずだ。しかし、日本軍が真珠湾を奇襲したとき空母は一隻もいなかった。

その日米開戦劈頭(へきとう)の真珠湾奇襲攻撃が成功するや、海軍軍令部と連合艦隊司令部は第二段作戦の計画に入った。大本営が開戦前に決めた第一段作戦計画（真珠湾攻撃を含むフィリピン、マレー、シンガポール、香港、ジャワ攻略など）は、昭和十七年（一九四二）三月に完了の予定である。よって第二段作戦計画は遅くとも二月上旬までに決定を見なければならない。

山本は第二段作戦計画の最大目標をミッドウェー島攻略作戦におき、連合艦隊の幕僚たちに作戦の研究を命じた。そうした中の昭和十七年二月一日、米空母部隊が日本の委任統治領である南洋群島のマーシャル諸島を空襲、砲爆撃を行って立ち去った。さらに米空母部隊は二月二十日には日本軍が占領して間もないラバウル（ニューブリテン島）を襲い、二十四日には、これも占領間もないウェーク島を砲爆撃し、三月四日には南鳥島を空爆してきた。これら米機動部隊の一連の行動は、米海軍作戦部長アーネスト・J・キング大将の指示で、米太平洋艦隊司令長官チェスター・W・ニミッツ大将麾下の空母「ヨークタウン」と「エンタープライズ」が行ったもので、その目的は本格的な反攻作戦などではなく、日本軍の真珠湾攻撃でうち沈んでいる将兵と国民の士気を高揚させるため、敵に一矢を報いる〝ヒット・エンド・ラン作戦〟だった。

この米海軍の作戦は図に当たった。一連の攻撃による戦果はささやかだったが、米軍将兵の志気は上がり、本格的な反攻作戦への手がかりをつかんだ。

一方、日本の海の守りの最高責任者でもある山本連合艦隊司令長官は、じりじりと東京に近づきつつある米機動部隊の行動から、日本本土が空襲されるのを一番恐れた。それは被害の大小よりも、国民の対戦意欲に与えるダメージを恐れたのだ。山本の心中に、米機動部隊壊滅作戦がより大きな比重を占めるようになったのは当然のことだった。その具体的な作戦案が、ミッドウェー作戦だったのである。

山本の作戦案は、海軍の総力を投入して米軍基地ミッドウェー島を占領する。その際出動してくるであろう米艦隊・機動部隊を撃滅する、というものだった。しかし、海軍の作戦を統括する軍令部は反対だった。理由は、ミッドウェーは戦略的価値も低く、その上遠距離にあるため占領後の維持が困難である。また、ミッドウェー島を占領したとしても、敵機動部隊が出撃してくるという保証はないというものだった。島の攻略部隊派遣を要請される陸軍も、ほぼ同じ理由で反対の立場をとっていた。

米機動部隊の撃滅を狙って山本五十六大将（写真）が立案したミッドウェー作戦だったが、結果は裏目に出て戦局の分かれ目となってしまった。

だが、山本は引かなかった。

「ミッドウェー攻略によって彼我の決戦が起これば、それこそ望むところである。もしアメリカ艦隊が挑戦に応じないとなれば、その攻略によって、東方哨戒線の推進強化ができるではないか」

と軍令部との論争でも主張し、「もしこの案が通らなければ長官を辞任する」と、真珠湾攻撃計画のときと同じ〝奥の手〟をちらつかせた。山本は、ミッドウェー攻略作戦で米機動部隊を撃滅できなくても、米機動部隊は必ずミッドウェーを奪回にくると考えていた。つまり、ミッドウェーを占領してさえいれば、その後に米機動部隊を撃滅するチャンスは必ずあると見ていた。この山本の予想は当たっていた。

米太平洋艦隊のニミッツ長官は、やがて日本軍を邀撃するためミッドウェー海域に出撃する第一六任務部隊司令官レイモンド・A・スプルーアンス少将（のち大将）に言っている。

ヤマモトの好敵手チェスター・W・ニミッツ大将（のち元帥）。

「日本軍がミッドウェーを占領しても、われわれは、あとからゆっくり取り返せばいい、戦況不利なら退却したまえ」

こうして山本長官提案のミッドウェーとアリューシャン攻略の同時作戦は四月十五日に上奏裁可され、六月上旬実施と決定された。その直後の四月十八日、山本が恐れていた米軍機による初の日本本土空襲が敢行された。いわゆる「ドゥーリットル空襲」で、ハルゼー中将（のち大将）率いる空母から、ドゥーリットル陸軍中佐指揮の陸軍双発爆撃機B25一六機が飛び立ち、東京などを爆撃して中国に飛び去った〝事件〟である。

山本が主張してきた米機動部隊の怖さを見せつけられた日本軍中枢は、以後、ミッドウェー作戦に対する非難めいた言動をいっさい引っ込めてしまった。

## 「AF」はどこか？　米暗号解読班の挑戦

日本の軍令部は昭和十七年五月五日、連合艦隊に対してミッドウェー作戦に関する大海令（大本営海軍部命令）第一八号を発令した。正式な作戦命令である。連合艦隊は「陸軍ト協力シAF及ビAO西部要地ヲ攻略スベシ」という内容である。AFはミッドウェー、AOはアリューシャン列島の地点略語である。

ハワイの米海軍戦闘情報班（艦隊無線班）の暗号解読者たちは、五月初旬からひんぱんに使われ始めたこのAFとAOに注目した。日本海軍の暗号の癖から、AFとAOが地名であることは容易に察知できた。そしてAFが占領目的地であることを解読すると、次はAFがどこであるかの追求を開始した。

暗号解読の責任者であるジョセフ・ロシュフォート中佐は、過去に解読した日本海軍の通信文のなかで「AFG」がフレンチ・フリゲート環礁であったことを思い出した。二字の地点略語から発展した三字の地点略語が、ソロモン諸島の他の地名を表すために使われていたことがあった。その前例から類推すれば、AFとAFGは接近した地点で、もしかしたらハワイ諸島のどこかの島を指しているかのように思えた。

珊瑚海海戦で膨大な無線通信が交わされたことで、戦闘情報班では日本の五桁の暗号数字のほぼ三分の一は解読が可能になっていた。暗号文によっては三分の一どころか、一語か二語しか解読できなくても、ときには暗号文のいわんとしていることが判る場合もある。そうしたなか、「AFはミッドウェーかもしれない」と、日本語翻訳官であり、暗号解読者でもあるジョセフ・フィネガン大尉が言い出した。もちろん確かな裏付けがあるわけではなく、彼の勘だった。

フィネガン大尉は猛然とAFの解明に取り組み始めた。彼はハワイと日本のほぼ中間にあるウエーク島に注目した。アメリカ領の同島は開戦間もない昭和十六年十二月二十三日に日本軍が占領し、無線諜報局を設置していた。そして最近は米海軍の通信傍受の他に、アメリカ西岸やハワイのラジオニュースから得た情報を要約して、東京に送っていることがわかった。

フィネガンはじっと耳をそばだてていた。その中の一通が「AFからは毎日長距離の航空哨戒が行われている」と報告し、また「AFは潜水艦としばしば通信を交わしている潜水艦基地でもある」と付け加える無電報告を発見した。この電文から、フィネガンはAFはミッドウェーに間違いないと確信した。周囲の同僚たちも、「AFはミッドウェー」ということでほぼ一致していた。しかし、確認は取れていない。

五月二十日、山本五十六司令長官は連合艦隊の各艦隊に、ミッドウェー作戦とアリューシャン作戦の詳細な作戦命令を発令した。ところが、この長文の電報はハワイの戦闘情報班に全文が傍受されていた。その戦闘情報班のメンバーだったW・J・ホルムズ中佐（のち大佐）は「それから五日後、ロシュフォートは九〇パーセント近く解読された山本の作戦命令を、自身でニミッツに届けた」（『太平洋暗号戦史』）と書いている。

山本の作戦命令には、四隻の空母からなる機動部隊はＡＦの防空態勢を粉砕して陸上施設に爆撃を加え、強襲部隊をＡＦに上陸させよとあった。さらに、ＡＦに対する作戦に先立って、二隻の軽空母を擁する北方部隊はダッチハーバーを空襲し、アッツ島とキスカ島を占領せよとあり、ＡＦ作戦を成功させるための米軍牽制作戦であることが読み取れた。このことで、ＡＦがアリューシャンである可能性はなくなった。

そうしたある朝、第一四海軍区司令部補給ビルの地下にある戦闘情報班のロシュフォート中佐の机の前で、フィネガンとトミー・ダイヤー、ホルムズの三人が顔を合わせた。話題は自然と「ＡＦはどこか」になった。

ホルムズがさりげなく言った。

「ミッドウェーで真水の蒸留装置が故障したら大変だよね」

戦闘情報班にくる前、ハワイ大学の材料試験研究所長をしていたホルムズは、ミッドウェー島で建設工事用のコンクリートを作るために、真水の供給に苦労している話を思い出したのだ。

フィネガンがニヤッと笑みを浮かべていった。

「ミッドウェーで真水が不足していることを日本軍が知ったら、ウェーク島の無線諜報班はきっと東京に報告するだろうね」

するとロシュフォートは、ホルムズの著書によればフィネガンをまじまじと見つめて、こう言ったという。

「ジョー、それで〝万事ＯＫ〟」

ロシュフォート中佐は、ただちに行動を起こした。ハワイ沿岸防備管轄区司令官も兼務している第一四海軍区司令官のブロック少将とニミッツ司令長官に報告、承認をもらうと、一つの陰謀を企てた。

まず彼はハワイとミッドウェーを結ぶ海底電線を使って、ミッドウェー島の防衛指揮官シリル・T・シマード海軍中佐に、ハワイ沿岸防備管轄区司令官宛に「海水の真水蒸留装置が故障して、ミッドウェーは真水不足の危険にさらされている」と、暗号ではなく平常の文章で打電せよと指令した。そしてブロック提督には、こちらも平常文で「真水をバージ船で早急に送る」旨を打電するよう依頼した。

「日本軍は飢えたかますのように、この餌に食いついた。翌日ウェーク島の無線諜報局は、ＡＦでは蒸留装置が破損したので真水が欠乏していると報告した。フィネガンはこの暗号電報を解読し、ウェーク島がこの電報を発信してから数時間後に、レートン（太平洋艦隊情報参謀）がこの電報をニミッツに届けた。これでＡＦが何をさしているかについての疑念はすっかり消えた」（『太平洋暗号戦史』）

ＡＦがミッドウェーと確認できたことで、ニミッツ長官はただちに邀撃態勢に取りかかった。

そのニミッツをサポートするハイポの暗号解読者たちは、さらに日本軍のミッドウェー攻撃開始日をも解読、また空母「翔鶴」「瑞鶴」が参加しないことも解読するなど、作戦計画の概要をほぼつかんでしまった。

このためニミッツ長官はハワイの海軍工廠に対し、珊瑚海海戦で大破し、修理に三カ月はかかると見られたた空母「ヨークタウン」の修理を「三日間で済ませよ」と厳命した。

「ヨークタウン」は五月二十八日午後二時三〇分に、裂けたタンクから一〇数キロもの油の帯を引きながらよたよたと真珠湾にたどり着いた。そして、ただちに水で満たされた一号ドックに入れられ、同時に工廠の作業員がなだれ込むように傷だらけの「ヨークタウン」に乗り込み、作業を開始した。オアフ島にある溶接機はすべて集められ、工廠に持ち込まれた。この溶接機に電力を供給するために、ハワイ電力会社はホノルル市内に送る住宅用の送電スイッチを代わる代わる切り、工廠に徹夜で電力を送り続けた。急ぐ必要のない仕事をしていた一、五〇〇人の作業員が集められ、「ヨークタウン」に送り込まれた。ニミッツ大将は技師たちに「艦を三日間で返してもらわねばならない」と言った。こうして「ヨークタウン」は丸二日間で再び戦闘行動が可能となり、すでにミッドウェー海域に向かっている「ホーネット」と「エンタープライズ」の後を追ったのだった。

ニミッツは、本来なら日本の空母四隻に対し二隻の空母で戦うハンディを、四対三にまで引き上げたのである。これも情報のおかげであった。

## 南雲機動部隊に届かなかった米機動部隊情報

昭和十七年六月五日の攻撃開始をめざして、南雲忠一中将率いる第一機動部隊（第一航空艦隊）は五月二十七日、広島湾から出撃した。将兵の多くは作戦の内容を知っていたし、この日が日露戦争で連合艦隊がロシアのバルチック艦隊を撃破した海軍記念日でもあったから、真珠湾攻撃に出撃したときのような緊張感も悲壮感もなかった。

第一機動部隊の兵力は南雲長官直率の第一航空戦隊（空母「赤城」「加賀」）と山口多聞少将率いる第二航空戦隊（空母「飛龍」「蒼龍」）が基幹で、これに援護の戦艦「榛名」「霧島」、重巡「利根」「筑摩」、軽巡「長良」を旗艦とする第一〇戦隊の駆逐艦一〇隻という陣容だった。四空母には合計二六〇数機の飛行機が搭載されていた。

翌五月二十八日には、ミッドウェー島攻略部隊である陸軍の一木支隊（約三、〇〇〇名）と海軍の特別陸戦隊（約二、八〇〇名）を乗せた一五隻の輸送船団がサイパン島を出撃し、一日おいた二十九日には攻略部隊主力の第二艦隊（司令長官・近藤信竹中将）と、山本五十六連合艦隊司令長官直率の「主力部隊」が瀬戸内海の柱島泊地から出撃した。

参加の艦艇およそ三五〇隻、参加将兵約一〇万名という大作戦であった。その作戦内容は、先行する機動部隊が航空戦力をもってミッドウェー島の基地戦力を叩いたのち、攻略部隊が上陸する。その後、敵機動部隊が反撃のため出動してきたら、これを捕捉、撃滅するというものだった。

上空から見たミッドウェー島。手前がイースター島、上方がサンド島。

太平洋のほぼ中央にあるミッドウェー島は、サンド島とイースター島、および礁湖からなっている。島としてはサンド島の方がイースター島よりも大きいが、航空施設のほとんどはイースター島にある。守備する兵力は第六海兵防衛隊長ハロルド・D・シャノン中佐率いる二、四三八名の海兵隊と、ミッドウェー海軍基地隊司令のシリル・T・シマード中佐率いる一、四九四名が駐屯しており、旧式の急降下爆撃機や哨戒機を含む一二一機の飛行機があった。

そしてミッドウェーに進出した空母群はスプルーアンス少将率いる「エンタープライズ」「ホーネット」を中心とする第一六任務部隊と、先に記したように珊瑚海海戦の〝病みあがり部隊〟のフランク・J・フレッチャー少将率いる「ヨークタウン」を中心とする第一七任務部隊である。単純な兵力比でも、日本側が有利であった。

そのうえ日本側は連合艦隊司令長官自ら率いる「主力部隊」も、真珠湾攻撃のときと同じく〝出撃〟していた。ただし進出位置は南雲機動部隊の後方約三〇〇浬（約五五五キロ、一説では四八五浬で約九〇〇キロという）で、新鋭の超大戦艦「大和」を旗艦とした戦艦七隻を中心とする第一戦隊である。連合艦隊司令部は二月十二日より戦艦「大和」に移っていたが、この主力部隊はミッドウェー作戦に出撃はしたものの、「空母炎上」の報を受けても身動きすらしなかった無用の艦隊ではあった。

六月四日、その「大和」の連合艦隊司令部に、大本営から「敵機動部隊らしきものがミッドウェー方面に行動中の兆候があり」との情報が届いた。山本は首席参謀の黒島亀人大佐に「機動部隊に転電するか」と訪ねた。しかし黒島は「傍受されているでしょう、無線封止を破ってまで知らせる必要はないでしょう」と答え、山本はそれに従った。

しかし、南雲中将座乗の空母「赤城」は、航空母艦であることから艦橋が低く、アンテナの位置も低いためにこの電文を傍受できなかった。無線設備が完備された「大和」に届くのは当然だが、航空母艦である「赤城」に届かないのは決して不思議ではないのだ。

米機動部隊らしき艦隊の行動など知らない南雲機動部隊の四空母は、六月五日午前四時三〇分（日本時間午前一時三〇分）、予定どおりミッドウェー島北西三九〇キロの地点で、ミッドウェー島攻撃の友永丈市大尉（飛龍飛行隊長）率いる第一次攻撃隊を発艦させた。九七式艦攻三六機、九九式艦爆三六機、制空隊の零戦三六機からなる一〇八機であった。当然、連合艦隊司令部から

「米機動部隊出撃中」の情報が入っていれば、第一次攻撃隊の発艦はなく、敵艦上機の邀撃態勢に回ったはずである。連合艦隊司令部の〝油断〟の責任は重い。

この第一次攻撃隊の出撃と前後して、機動部隊は空母「赤城」「加賀」から九七式艦攻各一機、重巡「利根」「筑摩」から零式三座水偵各二機、戦艦「榛名」から九五式三座水偵一機の計七機が索敵に発艦した。ただし東部海域の哨戒を割り当てられた利根四号機は、カタパルトの故障で三〇分遅れで発艦した。これが日本軍にとっては致命的となった。米機動部隊は、その東部海域を航行していたのである。また、南雲機動部隊は合計一〇機の水偵を積んでいたのに、なぜ半分の五機しか出さなかったのか。南雲司令部の中には、敵機動部隊はミッドウェー海域にはおらず、珊瑚海方面に出動しているのではないかとの見方が支配的だったからではなかったのか。結局、先発した偵察機は何も発見することができなかった。

そして四空母に残った艦上攻撃機（艦攻）には敵艦隊攻撃用の八〇〇キロ魚雷を、艦上爆撃機（艦爆）には二五〇キロ爆弾を装着、第二次攻撃隊（全一〇八機）として待機させた。

## 目的はミッドウェー島攻略か敵機動部隊撃滅か？

第一次攻撃隊は発艦二時間後の午前六時一五分過ぎ、ミッドウェー島上空に達した。眼下の滑走路に米軍機の姿はない。日本の攻撃隊は知る由もなかったが、すでに米軍側の偵察機は日本の艦隊を発見し、基地の飛行機は全機が上空に退避するか、日本艦隊攻撃に出動していたからである。

ただし二七機の戦闘機が上空で日本の攻撃隊を邀撃し、護衛の零戦隊と激烈な空中戦を展開した。戦闘は明らかに零戦隊の方が優れ、米戦闘機は一五機が撃墜か行方不明になり、基地に戻った一二機のうち七機が大破、どうにか飛べるのは五機だけだったという。

友永大尉指揮の攻撃隊は、激しい対空砲火のなか、基地施設に爆撃を加えた。しかし、飛行機の発着を不可能にするには滑走路の破壊は不十分と見た。友永大尉は機動部隊に打電した。

「第二次攻撃の要あり」

この短い電文が、やがて南雲機動部隊の命運を決するのである。

一方、ミッドウェー島を飛び立った米哨戒機は午前五時三〇分、日本の機動部隊を発見し、基地のシマード中佐は前記したように一部の戦闘機を上空直掩に残し、他の飛行機は日本の機動部隊攻撃に出動させていた。そして日本の攻撃隊が島の上空に来襲するや、米機動部隊に向けて「日本の艦上機来襲、攻撃中！」を打電した。

報告を受けたスプルーアンスは「エンタープライズ」と「ホーネット」の攻撃隊に出撃を命じた。午前七時二分、雷撃機二八機、爆撃機六八機、Ｆ４Ｆ戦闘機二〇機の合計一一六機が発艦した。

この米艦上機隊の出撃時刻とほぼ同時刻の午前七時過ぎ、ミッドウェー基地から発進した米軍機が次々と南雲機動部隊の上空に到達、攻撃を開始した。攻撃機の機種から、ミッドウェー島から出撃してきたことは明らかだった。米軍機はアベンジャー雷撃機にドーントレス急降下爆撃機、あるいは陸軍の爆撃機B17やマーチン・マローダー爆撃機ありと、雑多な飛行機五〇数機が一時間余にわたって間断なく攻撃してきた。しかし、米軍機は上空掩護の零戦隊に次々撃退され、日本の空母に被害はなかった。

この間、日本の艦上攻撃機は友永大尉からの「第二次攻撃の要あり」という報告で、艦艇攻撃用の魚雷をはずし、陸上攻撃の爆弾に転換する作業が終わりつつあった。

実は内地を出撃する二日前の五月二十五日、連合艦隊司令部と南雲機動部隊幹部による最終打ち合わせが行われた。その席上、山本長官は「この作戦はミッドウェー島を叩くのが主目的でなく、そこを衝かれて顔を出した敵空母を潰すのが目的なのだ。いいか、決して本末を誤らぬように……だから攻撃機の半分に魚雷を付けて待機さすように……」と言い含めている。

だが、南雲が受けた「ミッドウェー島作戦に関する陸海軍中央協定」の命令には、作戦目的を「ミッドウェー島を攻略し、同方面よりする敵国艦隊の機動を封止し、兼ねて我が作戦基地を推進するに在り」とし、その作戦要領は「海軍は有力なる部隊を以て攻略作戦を支援援護するとともに、反撃のため出撃し来ることあるべき敵艦隊を捕捉撃滅す」とある。

これでは作戦の主目的が米機動部隊撃滅なのか、それともミッドウェー島攻略なのか、南雲には理解ができなかったに違いない。いや、南雲中将はその両方を満たそうと必死になり、雷装から爆装への兵装転換命令を出したのだろう。ところが、そうした最中の午前八時過ぎ、第四番索敵線の利根機から、ミッドウェー島の北方に「敵らしきもの一〇隻見ゆ」という報告が入った。「赤城」の艦橋に緊張が走った。それまで機動部隊司令部には、ミッドウェー海域に米空母はいないのではないかという思いが支配的だったからだ。司令部は利根機に「艦種知らせ」と指令し、まもなく利根機から「敵兵力は巡洋艦五隻、駆逐艦五隻なり」と返電があった。司令部はホッとした。

ところが午前八時三〇分、利根機から第三報が入った。

「敵はその後方に空母らしきもの一隻ともなう」

「赤城」の艦橋は衝撃につつまれた。甲板には再度ミッドウェー島を爆撃するため陸用の八〇〇キロ爆弾に兵装を換えたばかりの九七艦攻三六機と、二航戦の九九艦爆（急降下爆撃機）三六機のみである。護衛の零戦はほぼ全機が敵機の迎撃に飛び上がっている。

南雲中将は艦攻隊に魚雷装備の再転換命令を出した。八〇〇キロ爆弾をはずして魚雷を再装着する——簡単な作業ではない。作戦の主目的がはっきりしないための右往左往である。

## 米機の奇襲で火焔につつまれた四空母

このとき空母「飛龍」艦上の二航戦司令官・山口多聞少将から「現装備のまま攻撃隊ただちに発進せしむを正当と認む」という厳しい調子の発光信号が南雲中将宛に送られてきた。先手必勝、とにかく爆弾でもいいから一時も早く敵空母を攻撃すべしというのだ。しかし、南雲長官も草鹿龍之介参謀長も、護衛の戦闘機がいないことを理由に山口少将の意見具申を握りつぶした。南雲機動部隊の壊滅と最大の敗因は、この意見具申の握りつぶしにもあったといえる。

兵装転換でごった返す各空母に、ミッドウェー島攻撃を終えた第一次攻撃隊が戻ってきた。各機はすでに燃料切れ間近のため、各空母は攻撃隊を収容しなければならない。魚雷への兵装転換を終え、甲板に並べられていた第二次攻撃隊機は格納庫にいったん下ろされる。甲板上は混乱の極に達した。

このとき、米艦上機群はすでに日本の機動部隊を発見し、攻撃態勢に入っていた。日本の空母の見張り員も午前九時半前には米攻撃隊を発見し、零戦隊は邀撃に入った。そして米三空母の雷撃機を次々撃墜し、空母も巧みな操艦ですべての魚雷を回避していった。機動部隊の各艦橋に安堵(あんど)の色が浮かぶ。

兵装転換に追われた第二次攻撃隊の準備がやっと整った。「赤城」「加賀」「蒼龍」「飛龍」の雷撃機五四機、艦上爆撃機三六機、零戦一二機の合計一〇二機の大編隊になる。

「第二次攻撃隊、発進準備急げ」

旗艦「赤城」から各艦に信号が飛んだ。攻撃機のプロペラが回り始める。

午前一〇時二〇分、発艦が開始された。そのとき、断雲の間から突如、急降下爆撃機SBDドーントレスの編隊が「加賀」上空に現れ、急降下態勢に入った。そして投弾! 続いて「赤城」と「蒼龍」にも襲いかかった。「加賀」には一二五機(四発命中)、「赤城」に五機(二発命中)、そ

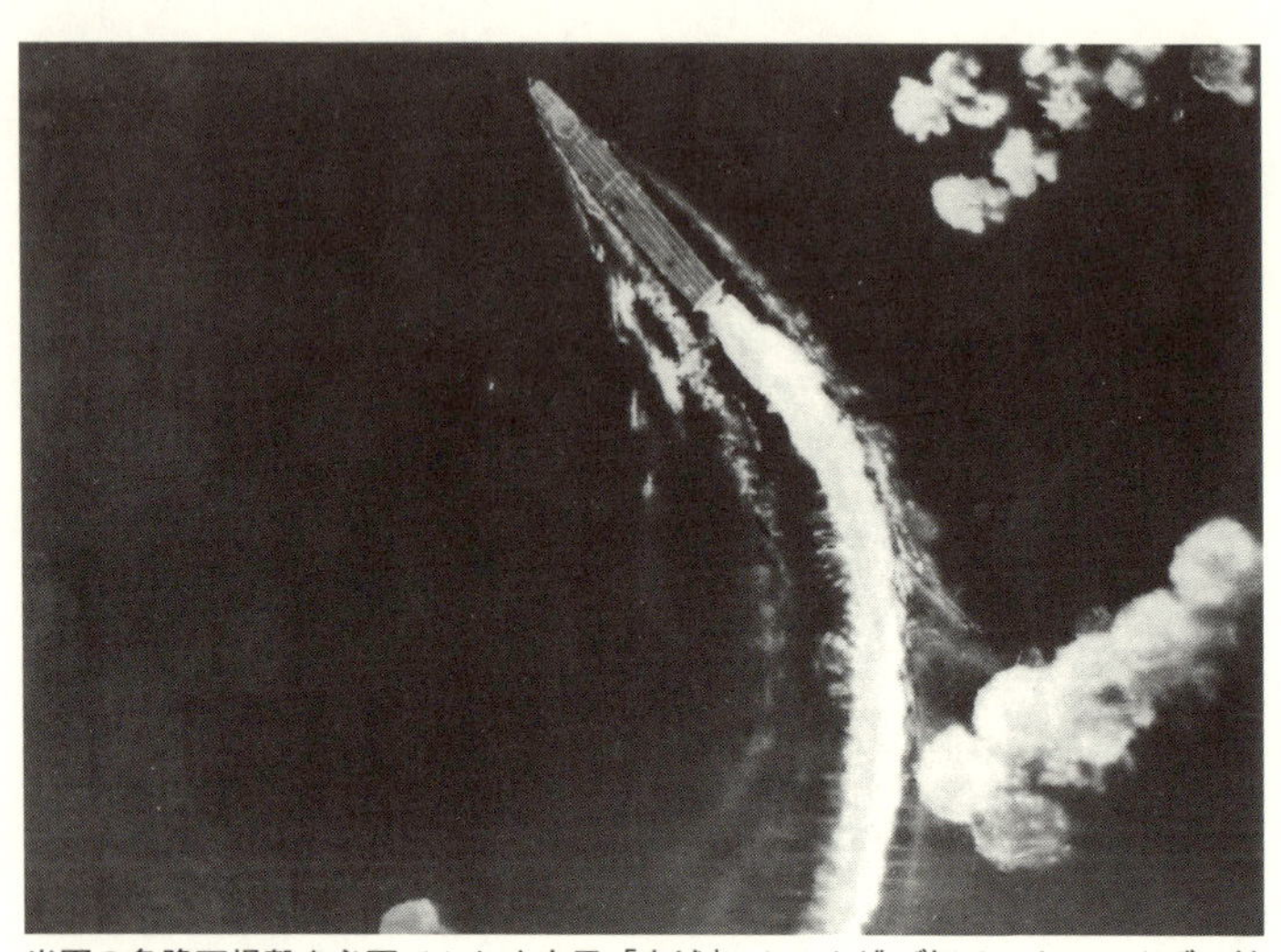

米軍の急降下爆撃を必死でかわす空母「赤城」。しかし逃げ切ることはできず、被弾して撃沈された。

して「蒼龍」には一七機（三発命中）が殺到した。「飛龍」は後方に離れていたため、まだ攻撃の対象にはなっていない。

日本の三空母の甲板はたちまち火焔に覆われ、発艦寸前だった攻撃機に次々引火、燃料が爆発して凄まじい炎を上げ始めた。まさに奇襲、あっという間の出来事だった。三空母の機能は完全にマヒし、戦闘力を失った。

南雲中将は草鹿参謀長らの説得で軽巡「長良」に移乗し、これを旗艦と決めた。航空戦の指揮は、まだ健在な「飛龍」の第二航空戦隊司令官・山口多聞少将に代わった。時に午前一一時三〇分だった。

唯一残された「飛龍」座乗の山口少将は、ただちに艦長の加来止男（かくとめお）大佐とともに小林道雄大尉指揮の第一次攻撃隊（九九艦爆一八機、零戦六機）を発進させた。小林隊は「ヨークタウン」を発見するや一二機のＦ４Ｆが迎撃する中、果敢に突撃、一〇機を失いながらも三発の命中弾を与えた。

午後二時四〇分頃、小林隊に続いて発進した友永大尉率いる飛龍第二次攻撃隊（九七艦攻一〇機、零戦六機）が、まだ健在の「ヨークタウン」を発見した。そしてＦ４Ｆ機の迎撃と対空砲火の中、二本の魚雷を命中させて葬り去ることに成功した。だが、早朝のミッドウェー島攻撃で愛機の主翼に被弾していた友永大尉は、片道燃料で出撃し、ついに母艦に帰ることができなかった。

最後まで生き残っていたその母艦の「飛龍」も、「エンタープライズ」と「ホーネット」の急降下爆撃機四〇機の襲撃を受け、四発の四五〇キロ爆弾を命中されて戦闘力を失ってしまった。

加来艦長は総員退去を命じた。参謀たちは山口司令官と加来艦長の退艦も強力に求めた。だが、二人は笑顔を見せながらも首を縦にはふらなかった。傾斜の激しくなった「飛龍」の艦橋に入った山口司令官と加来艦長は、お互い堅い握手を交わした。そして山口少将は加来大佐に言った。

「一緒に月でも眺めるか」

翌六月六日午前五時一〇分、「飛龍」は駆逐艦「巻雲」によって自沈処理され、二人の指揮官とともに海中に姿を消した。

一方、最初に攻撃を受けた「加賀」は全艦を炎につつまれ、五日の午後七時二六分、大爆発を起こして沈没し、「赤城」は六日午前四時五〇分、駆逐隊に雷撃処分され、「蒼龍」は五日の午後七時一五分に沈没した。

山口多門少将指揮の「飛龍」艦上機の必死の反撃で戦闘不能になった米空母「ヨークタウン」の最期。

「空母炎上」の報告が戦艦「大和」艦橋の連合艦隊司令部に届いたとき、山本五十六長官は前日からの腹痛の気を紛らわすため、渡辺戦務参謀を相手に将棋を指していた。そして、ただ「うむ」と肯いただけだったという。「大和」を旗艦とした戦艦七隻を中心とする連合艦隊主力部隊は、このとき、南雲機動部隊の後方約三〇〇浬（約五五五キロ）の位置にとどまっており、「空母炎上」の報を知っても前進することはなく、「作戦中止」を命令し、退却した。

ミッドウェー攻略作戦の失敗は、日本軍の通弊であった情報、暗号解読の重要性を認識できなかったこと。二兎を追うがごとき作戦で、目的があいまいであったこと。さらに索敵が不十分で、敵に遅れをとったこと。航空作戦指導、艦隊編成などさまざまな原因があげられている。また兵装転換による戦術ミスは、セイロン島沖海戦時にもみられたにもかかわらず、また同じ失敗を繰り返していた。

過去の失敗を十分に研究せず、戦訓を導き出して次の作戦に生かそうとはしなかった日本軍の硬直性を、このミッドウェー作戦は見事といっていいほど表していた。そしてミッドウェー海戦の敗北によって、それまで続いた日本軍の快進撃は止まり、戦局の大きな転換点となった。しかし国民は、ミッドウェー海戦の敗北も、戦局の流れの変化も戦後まで知らされることはなく、「神州不滅」のスローガンを固く信じて戦争に邁進（まいしん）していたのである。

# 第五章　盗まれた零戦の機密

## 強敵「零戦」の秘密を解明した米軍

### 北方作戦の先陣を切ったダッチハーバー空襲

ミッドウェー作戦と並行して実施したアリューシャン列島攻略作戦でも、日本軍は重大な損出を被っていた。なんと、日本軍の最強兵器ともいえる零式艦上戦闘機＝零戦の機密が米軍に盗まれていたのだ。

アリューシャン作戦の目的は、同列島西部のアッツ、キスカ両島の軍事的要地を占領して米機動部隊の北方からの進攻作戦を抑え、同時にミッドウェー作戦を成功させるための牽制作戦の意も込められていた。このアリューシャン作戦部隊は北方部隊と呼ばれ、第五艦隊（司令長官細萱戊子郎中将）を主力にした陸海軍部隊だった。

北方部隊には第四航空戦隊の「龍驤」「隼鷹」の二空母が割かれ、ミッドウェー作戦の第一機動部隊に対して第二機動部隊（司令官角田覚治少将）と称された。その任務はアッツ、キスカ攻略部隊の上陸作戦に先立って米軍の主根拠地であるダッチハーバーを空襲、米航空兵力、艦船、軍事施設などを壊滅することだった。

機動部隊は昭和十七年（一九四二）五月二十六日に青森の大湊港を出撃し、六月三日の午後一時四〇分過ぎ（日本時間）、日の出前にダッチハーバー南西約一八〇浬で第一次攻撃隊を発艦させた。二隻の軽空母には合計八二機の飛行機が搭載されていたが、「隼鷹」飛行隊長志賀淑雄大尉率いる第一次攻撃隊は九七式艦上攻撃機一四機、零戦一六機（21型）、九九式艦上爆撃機一五機の合計四五機で編成された。ところが上空はあいにくの曇り空で攻撃隊は集合に難行し、結局、ダッチハーバー上空にたどり着けたのは「隼鷹」の二機の零戦と龍驤隊だけだった。そして攻撃隊は五〇分間にわたって地上施設に機銃掃射と爆撃を加えて帰投した。

帰投中の攻撃機から「ウナラスカ島のマキシン湾に駆逐艦五隻発見」（四隻ともいう）の報告を受けた角田司令官は、ただちに艦攻一四、艦爆一五、零戦一二の合計四一機と、重巡の水偵四機からなる第二次攻撃隊を発進させた。しかし攻撃隊はまたも天候に邪魔され、マキシン湾にたどり着いたのは水偵二機だけだった。この二機の水偵も、「日本軍機急襲！」の報を受けて二九〇キロ離れたコールドベイから馳せ参じた二一機のP40戦闘機に襲われ、一機は撃墜され、残る一機は帰艦したものの被弾が激しく放棄された。

敵戦闘機の出現でダッチハーバー近辺に有力な飛行場があると読んだ角田司令官は、翌五日の午後、艦攻九、艦爆一一、零戦一一の三一機からなる第三次攻撃隊を発進させた。攻撃隊は現地時間の午後五時五五分にダッチハーバー上空に達し、激しい対空砲火とP40、PBYカタリナ双発飛行艇などの迎撃のなか、軍事施設や燃料貯蔵タンク、港内の停泊艦などに銃爆撃を敢行した。日本側の記録では、この攻撃で零戦隊はP40戦闘機など一〇機を撃墜し、日本は艦爆四機と「龍驤」の零戦一機を失った。この零戦を操縦していたパイロットが古賀忠義一飛曹だった。

## 対空砲火を受けて不時着した古賀一飛曹の零戦

この日、古賀一飛曹は遠藤飛曹長の戦闘機小隊に加わり、二番機が鹿田二男一飛曹、三番機が古賀機だった。遠藤小隊の零戦三機はダッチハーバーに投錨中の二機のPBY機に対して急降下攻撃を反復した。地上からの反撃も激しい。この対空砲火で古賀機はオイルパイプに五〇口径弾を受け、鹿田機は燃料タンクを撃たれた。

古賀機はエンジン部から油を流し、スピードもぐんぐん落ち、高度も下がっていく。被弾はしたものの操縦には支障のない鹿田一飛曹は、遠藤飛曹長機とともにダッチハーバー東方の攻撃隊の集合地点に機首を向けた。ところが古賀機はダッチハーバーの東四〇キロにあるアクタン島に機首を向けた。アクタン島の海岸線には万が一の場合の不時着地点が指定されており、沖合には救助の潜水艦が待機しているはずだった。古賀一飛曹はその不時着地点に向かったのである。

遠藤飛曹長と鹿田一飛曹は後を追った。アクタン島の上空に達した三機の零戦は、草原の上を旋回した。そのとき鹿田一飛曹は草原がキラッと光るのに気づいた。湿地帯だ！　鹿田一飛曹は古賀機に眼を走らせた。しかし古賀機はすでに脚を出して着陸態勢に入っていた。湿地帯なら胴体着陸をしなければならない。そう思う間もなく古賀機は接地し、そして脚を取られて機首を湿地に突っ込み、仰向けにひっくり返ってしまった。

遠藤飛曹長と鹿田一飛曹は上空を旋回しながら古賀一飛曹が機内から出てくるのを待った。しかし古賀一飛曹はついに姿を現さなかった。

アクタン島に不時着した零戦を調べる米兵たち。この後、この零戦はアメリカ本土に運ばれて復元される。

## 暴かれた「ゼロの秘密」と零戦対策の新戦法

ダッチハーバーを基地にする米軍のＰＢＹ飛行艇が、哨戒飛行中に古賀機を発見したのは不時着から一カ月後の七月十日だった。報告を受けた米軍はただちに調査隊を現地に派遣し、貴重な零戦を回収した。パイロットは座席ベルトを締めたまま、わずかに頭を湿地帯に突っ込んで死んでいた。

回収した零戦は陸軍の輸送船でカリフォルニア州サンディエゴのノース・アイランド海軍航空基地に

アメリカ本で復元された零戦。このあと米軍はこの零戦と米戦闘機の模擬空戦を繰り返して、零戦の秘密を一つひとつ暴いていった。

運ばれた。そして米軍が初めて捕獲した零戦「三菱零式戦闘機21型・製造番号四五九三」は、厳重な監視と秘密保持の中で修復作業が行われ、九月二十五日に復元作業が終わった。

ただちにテストパイロットが呼ばれ、零戦の性能テストに入った。F4UコルセアやF4Fワイルドキャットとの模擬空中戦も行われた。パイロットたちは零戦の操縦性の良さと敏捷（びんしょう）さに驚きの声を上げたが、早くも多くの弱点も手にしていた。

①ゼロは時速三七〇キロ以下の低速での格闘戦では
　優れた運動性能を発揮するが、高速では補助翼の
　効きが悪くなり、旋回性能が落ちる。
②ゼロは左旋回にくらべ右旋回は重い。
③ゼロはマイナスG（宙返りや急降下に入った直後
　のフワッと浮いたような状態）のかかったときには
　エンジンが停止してしまう。

こうして零戦の弱点をつかんだ米軍は、ただちに

全パイロットに「ゼロ情報」を伝えた。そして、この「ゼロ情報」に加え、珊瑚海海戦とミッドウェー海戦での実戦経験から対零戦戦法を編み出したのがジェイムス・フレイトリ少佐とジョン・サッチ少佐だった。

フレイトリ少佐は空母部隊司令官に提出した珊瑚海海戦の戦闘報告に記している。

「運動性能の優れた戦闘機に対するもっとも効果的な攻撃法は、優位の高度から急降下で攻撃、これを反復することである。互いに追尾しあう、いわゆる格闘戦は日本軍の戦闘機に対しては絶対にやってはいけない」(『海軍戦闘機隊史』零戦搭乗員会編)

すなわち、ドッグファイト(一対一の空中戦)は絶対にしてはならず、一撃離脱戦法を強調した。またサッチ少佐は、零戦に対抗するには一個中隊の編成を従来の一個小隊三機編成の二個小隊から、一個小隊二機編成の二個小隊編成がもっとも効果的であることを見つけた。そして同じ小隊の二機はいかなることがあっても離れてはならず、二つ小隊は旋回半径の距離で真横に並ぶ。こうすればお互いに相手小隊の上方、後方の警戒ができるからだ。

さらに並行して飛ぶ同じ小隊の二機は、もしA機の背後にゼロが迫ってきたら、B機はA機に向かって急旋回する。B機の動きから背後にゼロが張り付いたのに気づいたA機はB機と交差するように旋回する。B機はそのままゼロを攻撃し、左右入れ替わりながらジグザグに飛び、攻撃を続ける。

この様子が糸を紡ぐのに似ていることから「サッチ・ウィーブ(サッチの機織り)」戦法と呼

ばれた。そしてサッチ戦法はやがて全戦闘機隊に取り入れられるようになり、フレイトリ少佐の一撃離脱戦法と合わせて「サッチ・フレイトリ戦法」と呼ばれるようになった。こうして米軍パイロットたちにとって、零戦は必ずしも強敵ではなくなっていったのである。

# 第2部　開始された米軍の反攻作戦

第六章　連合軍が布いた残置諜者網

# 米軍上陸前夜に消えたガ島の現地住民

## ガダルカナル島の残置諜者と義勇隊

ミッドウェー海戦で夢想だにしなかった「主力空母四隻撃沈」という大惨敗を喫し、太平洋の制海権が危うくなった日本海軍は、かねて計画中の南西太平洋ソロモン諸島ガダルカナル島（イギリスの保護領）の占領を決行した。ここに飛行場を建設して不沈空母とし、MO作戦の中止によって頓挫している米豪遮断作戦の前進基地にしようという狙いからである。

海軍の設営隊が進出して飛行場建設を始めた昭和十七年（一九四二）七月当時、ガダルカナル島（略称「ガ島」）には三万人強の現地住民がいた。まともなガダルカナルの地図さえなかった大本営であったから、もちろん人口動態などつかんでいるはずはなかった。また、日本の設営隊や警備隊が占拠したのはガダルカナル島北岸の一部にすぎなかったし、同島に三万人以上もの住民がいようとは考えもしなかったであろう。仮に三万五、〇〇〇人いたとして、千葉県よりやや広い五、六六八平方キロの面積を持つガダルカナルの人口密度を計算すると、一平方キロあたり約六人になる。日本軍の目にふれた住民はほんの一握りにすぎなかったといえる。

その住民たちが、連合軍（米軍）が上陸する二日前の八月五日、突如として日本軍の前から消えてしまったのだ。

飛行場建設のために一カ月前の昭和十七年七月六日にガダルカナル島に派遣されていた、海軍の第一一設営隊員（軍属）だった岡谷捷夫（おかやかつお）さんと増田実さんは、そんな住民の行動を鮮明に記憶している。

「そう、あれは米軍が上陸する二日か三日前だったな。女も子供も誰もいなくなってしまってな、いまから考えれば米軍の上陸作戦が七日に始まることを知っていて、それで安全なジャングルの奥地に隠れたんだろうがね。

われわれが上陸してから、米軍の攻撃を受けるまではちょうど一カ月しかなかったわけですが、原住民は協力的でね、われわれの隊では五〇人近く使役に使ってましたよ。主にトラックに土砂を積み込ませるのに使ってました。夜になると現地の踊りを踊ってくれてね。踊ると乾パンやキャラメルをやるんだ。喜んでね、それを。たしか姿を消す前の晩も踊ってくれたんじゃねえかなあ……」

事実、現地住民は連合軍側からの連絡で、八月七日に敵前上陸を実施することを知らされ、綿密な事前の準備と計画のもとに避難行動をとったのである。この住民の奇妙な動きは、ガダルカナル島の通信隊からラバウルの第八艦隊司令部にも報告されている。しかし、第八艦隊司令部も大本営海軍部も、これら住民の動きを米軍のガダルカナル島への直接攻撃に結びつけて考えた者はいなかった。日本軍のポートモレスビー攻略に対する準備の一環だろうくらいの、軽い気持ちで処理してしまったのであった。

## 日本に対するオーストラリアの危機感

アメリカ軍とともにガダルカナルでも戦ったオーストラリア海軍の情報部は、一九一九年以来、自国領土の海岸線を守るための「沿岸監視義勇隊」という情報網を作っていた。組織は太平洋戦争が始まり、日本軍の進攻が急速に南西太平洋に拡大されると同時に強化されていった。

オーストラリアが日本の軍事的脅威を感じ始めたのは、第一次世界大戦が終わって間もなくである。パリ講和会議のベルサイユ条約で、それまでドイツ領だった広大な南洋群島（赤道以北のミクロネシア地域）は国際連盟の信託統治領となった。そして、連合国の一員として同地域を占領していた日本が、委任統治国に任命された。ところが、その後に続くワシントン会議で日英同盟が廃棄されたことが決定的となった。

当時、オーストラリアは有色人種の移民を禁じていた。一方、日本には、アメリカ移民が次第に制限されつつあったことに対する反発とともに、もともと移民を受け付けないオーストラリアの白人主義への批判も生まれつつあった。そんな日本に対して、英国と袂を分かった日本がどういう方面に進出しようとしているのか、本命は中国大陸であることは常識ではあっても、オーストラリアとしては自国がターゲットにされるかもしれないという警戒心が生まれていた。

赤道を越えて南洋群島のすぐ南側にあるソロモン諸島の大部分はイギリスの保護領だが、ブーゲンビル島とそれに隣接している小島ブカはオーストラリアの委任統治領だった。また、ラバウルのあるニューブリテン島と、東経一四一度を境界とした東部ニューギニア（パプアニューギニア）もオーストラリアの委任統治領だった。イギリス保護領のソロモン諸島も含めて、それらの地域にはラバウルに若干の防備が施されている以外は、軍事的には空白地帯だったのである。日本軍の大部隊がその間隙をすり抜けて直接オーストラリアの北岸、あるいは北西部に上陸しても、人口希薄なだけに一週間や十日は分からないという危機感もあった。

オーストラリア海軍は、まず自国の人口希薄な地域に沿岸監視員を配置した。警察官や郵便局長、あるいは学校の教師などに無線機を持たせ、異状あり次第リレー式で首都キャンベラまで通報する組織を作り上げたのである。そして沿岸監視員の組織には、その後、東部ニューギニアとソロモン諸島も加えられた。

昭和十四年（一九三九）九月、ナチス・ドイツがポーランドに侵攻した。これに対して英仏がドイツに宣戦、第二次世界大戦が始まった。すでにそのころ、ソロモン諸島から東部ニューギニアにかけて約八〇〇人の沿岸監視員が日本軍侵入に目を光らせていた。日本がドイツと軍事同盟を結ぶだろうということははっきり予測できたから、オーストラリアの危機感はいやがうえにも高まっていたからである。ドイツとの同盟締結の動きは昭和十四年初めから日本の陸海軍の最大の対立点になっており、格別の諜報活動を行わなくても知り得た公然の事実だったのである。

実際には日独伊三国同盟は大戦勃発の約一年後に締結され、日本はドイツ・イタリアと戦争状態にあるイギリスにはっきりと敵対した。同じ君主を戴き、イギリス連邦の一翼を担うオーストラリアの危機感は現実のものとなった。かくて、監視地点はその後も増強されて、太平洋戦争勃発時にはニューギニアとソロモン諸島だけで一〇〇カ所以上を数えるほどになっていた。

こういうオーストラリアの危機感は、ソロモン諸島やニューギニアが太平洋を隔てて日本から五～六、〇〇〇キロも離れていることを思うと、いささか過剰すぎる反応のようにも思える。しかし、艦隊やそれに付随する航空兵力を擁する海軍の立場からみれば、それは十分に作戦可能な空間として予想できるものだったのだ。

ソロモン諸島への早すぎる沿岸監視員の配置は、敵を知り己を知る〝海軍〟ならではの用心深さだったのである。沿岸監視隊の拡充と整備は海軍情報部長R・B・M・ロング中佐のプランのもと、エリック・フェルト少佐の手によって強力に推進された。

## 住民を組織していた三人の残置諜者

「フェルディナンド」と呼ばれたこの沿岸監視隊はその後も増強され、日本が占領したニューギニアから東はニューヘブリデスに至る一〇〇余の島々に監視所を設け、日本軍の行動を監視していた。ガダルカナル島のあるソロモン諸島はそのほぼ中間地にあたる。そして異常を発見したときは、即座にニューギニアのポートモレスビーにある沿岸監視員本部に情報を送信することになっていた。

太平洋戦争開戦後は連合軍の司令部に直結され、司令部の通信室は二四時間体制で監視員からの〝X波長〟を受信していた。すなわち、南西太平洋の各島々の監視員からもたらされる情報は、ポートモレスビーからオーストラリアのタウンズヴィルに送られ、さらにキャンベラを経由してハワイの真珠湾にある米太平洋艦隊司令部にも転送されるのである。そして米太平洋艦隊司令部ではただちに情報を分析し、広域通報機がそれを太平洋全域の連合軍艦艇に知らせていた。

イギリスのジャーナリストで、砲兵将校として第二次大戦にも参加した軍事史家のロナルド・ルウィンによれば、「攻撃艦隊のすべての船が何らかの方法でこの警告を二十五分以内にキャッチした」（邦題『日本の暗号を解読せよ』白須英子訳、草思社）という。

敵情視認から二五分以内に情報を手にできれば、現地の戦闘部隊は十分に応戦態勢がとれる。たとえば「時速百八十マイルの爆撃機がブーゲンヴィルから三百マイルのところに達するまでに二時間近くかかる。したがって、応戦態勢のとれる戦闘哨戒機なら、爆撃機が到着する前に離陸し、しかるべき高度に達することができる（実際そのとおりだった）」（前出書）

この沿岸監視員の肉眼による情報は、以後の日本との戦いで、連合軍の現地の戦闘部隊に多大な貢献をする。

沿岸監視員の多くは貿易商人だったり、農園や椰子園の経営者だったり、あるいは深鉱者、公務員といった民間人で構成され、日本軍が占領したあとも島に残って住民の協力を得ながら活動を続けていた。いわゆる残置諜者であった。そして、その情報監視網はニューギニアからニューヘブリデス諸島に至る四、〇〇〇キロの海域にわたっていたのである。

ガダルカナル島には三人の沿岸監視員が残っていた。日本軍がソロモンの各島に進出してきた昭和十七年三月、ツラギにあった英国政庁のウィリアム・マーチャント高等弁務官は、ヨーロッパ系在島者を商船で脱出させ、残留する政庁職員と原地住民の警官とで「ソロモン諸島防衛隊」を組織した。政庁の職員はすべて将校に任命された。同時に志願者からなる沿岸監視員を各島に配置した。

ガダルカナル島の北部海岸にあるアオラ村には、政庁の地区行政官だった若いイギリス人将校W・F・マーチン・クレメンス陸軍大尉が潜み、ルンガ岬付近にはオーストラリア海軍のマックファーラン予備役大尉が、そして島の西岸エスペランス地区には農園のマネジャーをしていたローデスというオーストラリア人が拠点を作った。他の地区の監視員もそうであるが、彼等は特別な水晶発信装置を備えた遠距離無線器を持っていた。発信と受信装置を持つ無線器は六五〇キロから一、〇〇〇キロにおよぶ感度を持ち、情報は六〇〇キロまでは肉声で送り、六〇〇キロ以遠は暗号化されたモールス信号で送信していた。

日本の海軍設営隊のガ島上陸後も島に残って諜報活動を続けていたマーチン・クレメンス大尉と6人の現地人警官たち。

日本軍のツラギ爆撃が激しくなり、上陸の可能性が大きくなるや、ルンガ岬のマックファーラン大尉は拠点を内陸部の〝ゴールドリッジ〟へ移した。そこには金鉱探索者のアンダーソンと農園経営者のヘイという二人の白人が避難していた。

アオラ村のマーチン・クレメンス大尉は現地住民を組織し、六〇人の義勇隊を発足させていた。政庁やオーストラリア人が残していった小銃一八挺と二、五〇〇発の弾薬で武装し、沿岸偵察のためのカヌー隊も編成していた。そして、ラバウルの第二五航空戦隊の大艇が飛行場適地偵察のためにルンガ川一帯を飛行した五月二十五日、クレメンスと主な義勇隊員は内陸部の安全なブンガナ村に移動した。食糧も十分確保され、缶詰や乾パンの他、米二三袋、灯油二二〇缶と万全であった。

マーチャント高等弁務官は、危機が迫るや地区行政官を各地に派遣して「日本軍には絶対に協力してはならない」と住民の説得をしている。当然のことであるが、ガダルカナルでも監視員は偵察という本来の任務とともに、住民への反日工作も重要任務だったのである。

七月一日、日本軍はガダルカナル島飛行場建設の先遣隊を上陸させているが、その情報もいち早くドーブという現地偵察員がクレメンス大尉に届けている。

そして七月六日以降、設営隊の本隊が上陸、作業を開始すると「好意的に」作業を手伝う。飛行場建設の進捗状況を偵察するには絶好のカモフラージュであったろう。おそらく建設状況は日々刻々と連合軍の通信室に送られていたに違いない。同時に連合軍の反攻作戦に備えて、住民を安全なジャングル内に組織的に避難させる作戦も着々と練られていたのである。

昭和十七年八月五日、ガダルカナル島の日本軍飛行場の第一期工事が完成した。そしてその夜、住民は日本軍の前から忽然と姿を消した。見事な〝作戦準備〟といわざるを得まい。

## あっさりとツラギとガダルカナル島を占領した米軍

米太平洋艦隊司令長官のチェスター・W・ニミッツ大将が望楼作戦＝オペレーション・ウォッチタワーと名付けたガダルカナル島と対岸のツラギ島を奪還する作戦は、ガダルカナル島の住民たちが日本軍の前から姿を消した丸一日後の八月七日の早暁に開始された。水陸両用部隊の指揮を執るリッチモンド・ケリー・ターナー海軍少将は、午前三時一〇分過ぎにガダルカナル北西端のエスペランス岬を回り、ここで船団を二手に分けた。ウィリアム・H・ルパータス海兵准将率いるツラギ攻略の北方部隊（空母一、戦艦一、巡洋艦三、駆逐艦一五、輸送船四）と、アレキサンダー・A・ヴァンデグリフト少将率いるガダルカナル島攻略部隊との分離である。

ツラギ攻略の北方部隊が艦上戦闘機一〇余機をもってツラギ、ガブツ、タナンボコ各島の日本軍基地に最初の奇襲攻撃をかけたのは、ガダルカナル島よりも早い午前四時一〇分過ぎであった。この艦上戦闘機の機銃掃射と、続いて来襲した急降下爆撃機の攻撃で、ツラギ地区に繋留（けいりゅう）されていた横浜海軍航空隊（略称・浜空）所属の九七式大型飛行艇七機と二式水上戦闘機九機（九七式大艇一二機のみともいわれる）は炎上、全滅した。

ツラギ島はガブツ、タナンボゴなどの島々とともに、北方のフロリダ島に抱かれるように浮かんでいる小島である。ソロモン諸島は一九七八年に独立した英連邦加盟の立憲君主国（元首は英女王エリザベス二世。総督が元首権限を代行）で、首都はガダルカナルのホニアラであるが、戦前は政庁が置かれたツラギが政治、経済の中心地であった。また、フロリダ島との間の狭い海峡は水温があり、ツラギ、ガブツの両港は天然の良港として栄えていた。

だから、飛行場建設が始まるまで、ガダルカナルが日本軍にとっては全くの無名の島であったのにくらべ、ツラギは早くから重要な戦略・戦術基地として注目されていた。それだけにガダルカナル島よりも守備態勢はやや整っていたといえる。

米軍上陸時の日本軍守備隊は、ツラギ島に第八四警備隊（第八根拠地隊）を中心に約三四〇名余、ガブツ・タナンボコ島に横浜海軍航空隊三四二名、第八四警備隊ガブツ島派遣隊五〇名の計三九二名、合計七三〇名余で、ガダルカナル島にくらべツラギ地区の守備態勢はやや整っていたと書いたが、それはあくまでも設営隊中心のガダルカナル島にくらべてであって、ツラギ地区が強固だったという意味ではない。

この日本軍に対して、米軍のツラギ攻略部隊（メリット・エドソン中佐指揮）は、当初こそ一、六九〇名と少なかったが、日本軍の抵抗が予想外に激しいとみるやガダルカナル島から増援を頼み、上陸二日後の八月九日までには六、〇七五名がツラギに注ぎ込まれている。加えてルパータス准将には北方部隊の空母一、戦艦一、巡洋艦三、駆逐艦一五という機動部隊が控え、支援砲撃を開始してきた。彼我の戦力から見ても、ツラギの勝敗は明瞭だったのである。

これら米艦の艦砲射撃が開始される直前の午前四時一二分、日本軍ツラギ通信基地は第八艦隊司令長官宛に「敵猛爆中」と最初の緊急電を発信している。そして合計九回の緊急電を発信して、ツラギからの通信は途絶する。上陸してきた米海兵隊との戦闘が開始されたのである。米軍の記録によれば、ツラギ島の日本軍は「八月八日午後一時ごろまでに完全制圧」されたという。ツラギ島の東三・三キロにあるガブツ、タナンボゴの日本軍も、八月八日の午後四時半過ぎに〝全員突撃〟でほとんどの将兵が死に、指揮官もピストルで自決して邀撃に終止符を打った。

ツラギ、ガブツ、タナンボゴ三島の戦いで日本兵は二四名が捕虜になり、約七〇名がフロリダ島に脱出した。しかし、脱出者の大半は米軍の残敵掃討で戦死したという。そして米軍も、この三島で戦死・行方不明一四四名、負傷一九四名を出した。

一方、ヴァンデグリフト少将に指揮された約一万七、〇〇〇名の米第一海兵師団は、八月七日の午前七時過ぎ、北方部隊とは逆に日本軍の抵抗を全く受けることなくガダルカナル島の海岸に到達した。そして、その日のうちに橋頭堡を築き、戦闘司令所を開設して日本軍の反撃に備えることができた。もっとも、二、八〇〇余名の海軍部隊がいたとはいえ、ガダルカナル島の日本軍は大半が非戦闘員の飛行場設営隊員であり、正式な軍人は第八四警備隊ガダルカナル島派遣隊の特別陸戦隊員二四七名を中心に、六〇〇名前後しかいなかった。装備もきわめて貧弱で、約三〇倍もの米軍に対抗できる兵力ではない。日本軍守備隊は衆寡敵せず、ジャングルに退避して援軍を待つより術はなかったのである。

## 監視されていたラバウル航空隊の出撃

ツラギ通信基地から「敵猛爆中」「敵兵力大、最後ノ一兵迄守ル、武運長久ヲ祈ル」という緊急電報を受けたラバウルの第二五航空戦隊司令部（司令官・山田定義少将）と第八艦隊司令部（司令長官・三川軍一中将）は、ただちに部隊投入を決定した。

八月七日午前七時三〇分、第二五航空戦隊の山田少将は航空戦隊の全力投入を決定、ツラギ地区への進攻命令を発令した。そして第一部隊（台南海軍航空隊）の零戦一七機と第二部隊（第四航空隊）の一式陸攻二七機は七時五三分、ラバウルを飛び立った。二七機の陸攻は、この日ラビ

（ニューギニア南東海岸ミルン湾の連合軍飛行場）方面攻撃の命令を受けており、前夜から爆弾を搭載していた。それが急遽ツラギに出現した敵機動部隊の空母と輸送船攻撃に変更されたのだ。艦船攻撃には爆撃よりも雷撃の方が効果は大きい。だが爆弾を魚雷に取り替える時間はない。陸攻は爆装のまま発進した。

第一、第二部隊より一時間遅れで第三部隊（第二航空隊）の九九式艦爆九機も発進した。第二航空隊は零戦一五機、九九式艦爆一六機を保有していたが、前日の八月六日にラバウルに進出したばかりで、作戦に耐える準備が整っていなかった。それに艦爆の攻撃距離は二五〇浬圏以内が限度とされている。ところがラバウルからツラギまでは約五六〇浬（約一、〇三七キロ）と倍以上の距離があり、それは東京と下関の距離に匹敵する。零戦の航続距離をもってしても、敵と空戦したのち帰投するには長すぎる。

しかし、山田少将はあえて決行した。同時に水上機母艦「秋津洲」と二式大艇をショートランド南東の洋上に派遣、第八艦隊に派遣要請した駆逐艦「追風」とともに洋上に不時着するであろう艦爆機搭乗員の救出を命じた。一方、零戦の救出には未整備なブカ島の小型機用飛行場を当てることにし、駆逐艦「秋風」に整備員と燃料などを積み、これも急遽派遣した。

第一陣の零戦隊と陸攻隊は午前十時二〇分、ツラギ上空に到着、攻撃を開始するのだが、戦場の空には米軍の艦上戦闘機が雲霞のごとく待機していた。

それには理由がある。第二五航空戦隊の第一陣がラバウルを発進し、日本軍占領下のブーゲンビル島上空を通過したとき、ジャングルの中から機影を追っている一人のオーストラリア人がいた。男の名はポール・エドワード・メイソンといい、ガダルカナル島で活躍しているマーチン・クレメンス大尉と同じ沿岸監視隊員の一人であった。四〇歳半ば過ぎの眼鏡をかけた背の低い彼は、日本軍がブーゲンビルを占領するまでは農園を経営していた。

島の南東端に近い山中に監視基地を設けていたメイソンは、銀色の翼を輝かせて南東に向かう日本軍機の編隊を確認するや、ガダルカナルに隣接するマライタ島にいる監視員に打電した。

「STO発、雷撃機二四、そちらに向かう」

STOとはメイソンのコールサイン（識別記号）で、妹の名前の頭文字をとったものだという。マライタ島の監視員はメイソンからの情報をエファタ島にいる監視隊長ヒュー・マッケンジーに中継し、マッケンジーから連合軍の各艦艇に伝えられた。

ブーゲンビルからガダルカナル島海域までは一時間余はかかる。監視員から情報を受け取った連合軍の艦隊は、「総員昼食は一一時（現地時間九時）」とし、空母「エンタープライズ」「サラトガ」「ワスプ」から六二機の艦上戦闘機を呼んで、ガダルカナル島泊地上空の守りを万全にした。

ガダルカナル島上空に達した一七機の零戦と二七機の陸攻は攻撃目標の空母が発見できず、輸送船団と巡洋艦に照準を合わせ、爆撃した。だが、あいにく雲がたれこめ、損害を与えることができない。迎撃してくる六〇余機のグラマン戦闘機との空戦も艦船攻撃のさまたげになった。

一時間遅れでラバウルを発進した第二陣の艦爆隊九機は、午後一時から攻撃を開始し、「敵大型巡洋艦二隻大破」の戦果を報告し、第一陣は「グラマン戦闘機四八機（内不確実八機）、爆撃機五機及び中型機一機撃墜」と報じた。戦果報告がオーバーなのは日本軍にかぎったことではないが、この日の報告はいささかオーバー過ぎた。米軍側の発表では「戦闘機一一機、急降下爆撃機一機、駆逐艦『マグフォード』被弾、艦員二二名戦死」というものであった。

一方、日本側の損害は零戦二機、陸攻五機、艦爆四機の計一一機であった。もっとも艦爆五機が洋上着水しているから、航空機の損害という面からみれば日米の損害は五分五分といえる。しかし、六〇余機の戦闘機と各級艦船の対空砲火を相手に、半数にも満たない戦力で日本側はよく戦ったといえよう。それは、アメリカの戦史家も記しているように、「連合軍の戦闘技術は拙劣であった」ことにも助けられた。

日本軍の攻撃は翌八月八日も続けられた。前日の戦闘でツラギ、ガダルカナル海域にいる連合軍艦隊の規模を把握した第二五航空戦隊の山口少将は、早朝から攻撃を再開した。戦隊の使用可能な一式陸攻二九機の大半である二三機、同じく零戦三四機中一五機が午前六時にラバウルを飛び立った。ところが前日同様、連合軍側はこの日もブーゲンビル島の沿岸監視員から事前に情報を得ていた。発信人はSTOのメイソンではなく、ブーゲンビル島北端に潜んでいるオーストラリア人のジャック・リードからだった。

「JER発、急降下爆撃機四五機、南東に向かう」

メイソンの場合は四四機の日本軍機を二四機と報告したが、リードは逆に七機ほど多く数えていた。だが、数の誤差は問題ではない。敵の動きを事前に知ることは損害を最小限度におさえることができる。連合軍にとって彼等沿岸監視員の功績は計り知れないものがあったのだ。おかげで連合軍側はこの日も十分な準備を整えて日本の攻撃機を待つことができた。

日本軍の命令は「第一に空母、第二に輸送船」と、あくまでも攻撃目標は空母優先であったが、この時も空母は発見できず、ガダルカナル島海域の巡洋艦、駆逐艦、輸送船の攻撃に切り替えざるをえなかった。しかし、ミッドウェー海戦同様、連合軍艦艇は主砲を一斉に開き、分厚い弾幕で対抗した。日本軍機は次々と炎上、海面に突っ込んでいった。それでも海面すれすれの超低空で肉薄した陸攻隊は駆逐艦「ジャービス」に雷撃を加え、さらに被弾して火を吹いた陸攻一機は必死に機を操りながら輸送船「ジョージ・F・エリオット」号に体当り攻撃を敢行した。

ソロモン諸島のジャングルに潜み、日本軍の艦船や攻撃機の動きを監視していた沿岸監視隊員。

ガ島の地下壕で、ソロモン各地の沿岸監視隊員のために司令局の通報を送受信する通信兵と現地人の助手。

左舷のボート・ダビットで爆発炎上した陸攻は「エリオット」の船橋を吹き飛ばし、船倉を火の海にした。やがて同船は放棄され、駆逐艦「ハル」が四本の魚雷を放って処分しようとしたが、猛火につつまれながらも長い間浮いていた。

ガダルカナル島の戦闘はまだほんの序の口である。だが八日の戦闘で日本側は陸攻一八機、零戦二機を失った。陸攻の損失は打撃である。前日の損害と合せると二三機になり、第二五航空戦隊が保有する陸攻の大半ということになる。そこで日本側は九日からの戦闘では、攻撃目標を空母と戦艦にしぼるよう作戦方針の転換をせざるを得なくなった。

## 銀星章を授与された義勇隊員

ガダルカナルのジャングル内に逃げ込んだ海軍陸戦隊や飛行場設営隊員らは、木々の隙間から米軍機と激しい空戦をする日の丸機を眺め、手の平の汗を握りしめていた。同時に、陸の援軍はいつ来るのだろうかと、次第に不安を募らせつつあった。その待望の援軍がガダルカナル島に上陸したのは八月十八日の夜であった。すなわちガダルカナル島戦で全滅する最初の部隊、一木支隊先遣隊九一六名である。

支隊長の一木清直大佐はただちに米軍に占領された飛行場に向けて部隊を進め、翌十九日午前八時半、飛行場近くに情報所を開設するために将校斥候を出した。四名の将校に率いられた斥候隊（四組三四名）は海岸沿いの道を進み、午後二時半ごろコリという岬に達するや、いきなり米軍の一斉攻撃を受けた。

この日の朝、米第一海兵連隊は二組の偵察隊をコリ岬方面に出した。それは、海岸を監視している現地人の沿岸監視員たちから「昨夜軍艦が近寄ってくる音を聞いた」という情報がもたらされたからだった。

一木支隊がガダルカナル島に上陸する数日前の八月十四日、一人のイギリス人に率いられた現地人二〇名がヴァンデグリフト少将の司令部に出頭してきた。衣服はボロボロ、髭は伸び放題のイギリス人は〝ガダルカナル島の残置諜者〟として沿岸監視を続けてきたマーチン・クレメンスその人であった。この中には現地人の元警官であるジェイコブ・ブーザ特務曹長もおり、米海兵隊への偵察協力を申し出た。ヴァンデグリフト少将は喜んでクレメンスたちの申し入れを受け入れ、さっそく沿岸監視の任務についてもらった。

その監視員たちが、一木支隊を乗せた日本の駆逐艦が飛行場の東三五キロの地点で兵員を上陸させているという情報をもたらしたのだ。そこで第一海兵連隊は十九日の早朝、チャールズ・ブラッシュ大尉を隊長とするA中隊八〇人と、現地人のブーザ特務曹長をキャップとする現地人偵察隊を急遽派遣した。そして正午近く、A中隊は戦闘隊形もとらずに海岸線を進んでくる一木支隊の斥候隊を発見、左翼と背後から襲撃すべく待ち伏せていたのである。

戦闘は米軍の一方的攻撃で終わった。日本の斥候隊は将校全員を含む一八名が戦死（のちに一名は捕虜と判明）し、残った者も重傷者が多く、救出部隊に収容された後に死亡した兵もあった。

この斥候同士の遭遇戦は米軍側に貴重な資料を提供した。戦死した日本兵を調べたブラッシュ大尉は、将兵たちがいずれも陸軍で、服装も装備もきちっとした戦闘員であることを知った。米軍が上陸したとき在島していた日本軍は海軍であるから、いまや日本軍が正規の陸軍戦闘部隊を新たに投入してきたことが明白になったのである。

ガダルカナル島のイル河河口で、米軍の待ち伏せ攻撃で全滅に近い損害を被った一木支隊先遣隊。

一方、ブラッシュ大尉の偵察隊が日本軍と戦闘に入ったころ、ブーザ特務曹長たちも日本軍と接触していた。ところがブーザ自身が日本軍斥候に捕まり、尋問を受けていた。ブーザ曹長は木に縛りつけられ、

「米軍の陣地の位置を教えろ、しゃべらなければ殺す！」

と、顔をめった打ちにされ、首や胸を銃剣で刺され、腕は軍刀で斬りつけられたが、彼は首を振って一言もしゃべらなかった。

ぐったりしたブーザを見た日本兵たちは、彼が死んだものと思い、現場を立ち去った。だが、ブーザは死んではいなかった。縛られているロープを必死で食いちぎり、這いながら米軍司令部

にたどり着き、日本軍の兵力を報告したという。のちに傷が快復したブーザ特務曹長は、米軍のシルバースター章(銀星章)と、民間人を表彰する英国の勲章であるジョージ勲章を授与された。

ガダルカナル島の戦闘は、この一木支隊斥候隊の全滅を皮切りに、その後、〝逐次投入〟された増援の日本軍と米軍との間に半年余も続く。その間、ガダルカナル島の住民は米軍の飛行場拡張などに積極的に協力し、監視隊員たちは常に日本軍の動向を監視して米軍に報告していた。やがて補給路を断たれた日本軍は飢餓と病魔に襲われて戦闘力を失い、生存兵たちは翌昭和十八年二月、駆逐艦によって同島を撤収、太平洋戦争開始後、日本軍は陸上戦闘で初めて大敗北を喫したのだった。

このガダルカナル島戦が始まったとき、上級司令部の南方軍や大本営陸軍部の参謀で、「ガダルカナル」がどこにあるかも知らない者が多かったという。また、上陸した米軍の情報が皆無の状態にもかかわらず、「敵は二、〇〇〇名足らずの武力偵察部隊だろう」と勝手に決め込み、一、〇〇〇名足らずの一木支隊先遣隊を送り込み、全滅させている。まさに「敵を知り、己を知れば、百戦危うからず」の逆で、その後の作戦指導も敵情に無頓着な独りよがりの〝机上作戦〟で、いたずらに多くの将兵を死に追いやっている。そして、作戦を立案し、指導した軍の官僚集団・大本営で責任をとった首脳や参謀は一人もいなかった。

敵情を探るという面で、このガダルカナルの戦いは、連合軍と日本軍の違いをあまりにも明瞭に見せつけてくれた。

第七章　伊一号潜水艦撃事件

# ガ島撤退作戦の陰で繰り広げられた海中の暗号書争奪戦

## ガダルカナル島撤退はいかに行われたか

ガダルカナル島の将兵たちが飢餓と病で死の淵をさまよっていた昭和十七年（一九四二）十二月下旬、ガダルカナル島の日本軍を指揮する第一七軍司令部は大本営宛に一通の電報を発した。

「糧食皆無にして、もはや一兵の偵察も出せず、敵の攻撃に対しては全く処置なし。将兵は餓死を待つよりも、全員が斬り込み玉砕を希望しあり……」

現地軍からついに最後通告を突きつけられた大本営。ガダルカナルの現状調査に飛んでいた真田穰一郎（さなだじょういちろう）作戦課長一行が空路帰国したのは、大本営の陸軍参謀たちが一七軍からの電報にうち沈んでいる十二月二十五日だった。

その夜、真田大佐は参謀総長官邸で参謀総長杉山元（すぎやまはじめ）大将、参謀次長田辺盛武（たなべもりたけ）中将、第一部長綾（あや）

部橋樹少将に出張の報告をした。そして「戦略転換」の決意を強調した。ガダルカナル島からの撤退である。

真田大佐は相当強い反対論を覚悟していた。ところが総長も次長も、そして作戦の責任者である第一部長も、全員があっさりと同意した。杉山総長などは、どこかホッとした表情さえ見せた。

翌十二月二十六日、真田大佐は軍令部を訪れ、海軍側にも「戦略転換」について申し入れをした。軍令部総長の永野修身大将も次長の伊藤整一中将も、陸軍側以上にあっさり同意した。

こうして十二月二十七日から三日間、陸海軍作戦課の幕僚によるガダルカナル島撤退作戦の要領と新作戦方針が話し合われ、二十九日に結論が出された。そこで大本営は、正月三ガ日が明ける一月四日に大本営会議を開いて審議をしたのち、昭和天皇の決裁を仰ぐことにした。

天皇には侍従武官長を通じて説明がされた。すると天皇は、

「事態はまことに重大である。このためには年末も年始もない。自分はいつでも出席するつもりである」

と言われた。天皇のご意向は侍従武官長を通じて大本営に伝えられた。そこで昭和十七年十二月三十一日、急遽、大本営会議が皇居大広間の御前で開かれ、ガダルカナル島からの撤退が決定されたのである。

明けて昭和十八年一月四日、撤退方針は厳秘事項として、第八方面軍司令官今村均中将と連合艦隊司令長官山本五十六大将などごく限られた関係者だけに知らされた。ガダルカナル島の第一

七軍司令部には、撤退計画を完成させた上で説明員が現地に飛んで直接説明することになり、このときは伝えられなかった。

撤退計画は在ラバウルの陸海軍首脳に、東京から飛んできた参謀次長の綾部橘樹少将、軍令部第一部長の福留繁中将らが加わって具体案作りに入った。撤退は敵前上陸よりも難しい。目前に展開する敵に気づかれずに、一万を超す将兵を密かに島から連れ出すのだ。それも元気はつらつな将兵ならいざ知らず、餓死寸前の栄養失調に襲われている兵士ばかりである。

撤退計画は一月十一日にできあがった。「捲土重来を期す」ということから、作戦は「ケ」号作戦と名づけられた。その概要は次のようだった。

撤退は駆逐艦二二隻を投入し、月暗期の二月一日から七日までの間に実行する。撤退は三回に分けて行い、一回目は傷病者、二回目は第二師団と第三八師団主力、三回目は後衛部隊と残留者のすべて。

撤退作戦を成功させるために、できるかぎりの航空戦力を投入する。途中の事故救難のため、ガダルカナル島に近いラッセル島を一時的に占領する。またガダルカナル島の将兵に体力をつけるため、食糧補給を強化する。また撤退予定地のエスペランスとカミンボに兵力を集結させるため、新たに第一線確保の部隊を投入、敵に攻勢作戦開始と思わせる。撤退将兵の収容地はブーゲンビル島とする――。

撤退命令の伝達と撤退計画の説明には、第八方面軍参謀の井本熊男中佐と佐藤忠彦少佐が選ばれた。二人は一月十四日夜、撤退作戦のため送り込まれる矢野桂二少佐を指揮官とする第三八師団の残留部隊一個大隊（七五〇名）とともに、駆逐艦でガダルカナル島に渡った。そして十五日夜、ジャングルの中に潜む第一七軍司令部にたどり着き、宮崎周一参謀長と小沼治夫高級参謀に出会い、天皇の勅語、大本営の撤退命令と撤退計画を詳細に伝えた。

ところが井本参謀の説明が終わると同時に、宮崎、小沼は異口同音に「大命に背くわけでは決してないが、これは不可能事である。この戦況下でどうしてガダルカナル島から撤退などできるか」と、激しい勢いで反駁してきた。

井本中佐の日誌（『作戦日誌で綴る大東亜戦争』）によれば、宮崎参謀長の反駁の骨子はおおよそ次のようだった。

「要するに現況は最後の段階に逼迫している。第一線兵団も軍司令部も、斬り込み玉砕を覚悟している。それ以外に今や方策はない。新たに攻撃の方法、手段が示されて、それによって行動するならば、また方策もあるかも知れない。撤退などは思いもよらぬことである。戦況の実相、軍の実情から見て不可能である。

仮に撤退がある程度できたとしても、軍の大多数の将兵の骨は戦場に曝さねばならない。撤退した者は残骸に過ぎず、将来役にも立たない。満身創痍の骸である。

ガダルカナル島奪回作戦を望みなしとするならば、このまま軍司令官以下敵陣に斬り込んで、一人残らず玉砕し、皇軍はかくすべきものであるという道を無言に示した方が、国家、国軍のためにどれほどよいかわからない。

方面軍、海軍など、さらには大本営、国民の熱誠な統帥、支援に対して衷心より感謝する」

宮崎参謀長の心境は、井本中佐にもよくわかった。もし自分が同じ立場におかれたならば、同じことを言ったにちがいない。いや、もっと激しく反駁しただろうと思った。しかし今は任務上、参謀長に同意することはできない。その前に百武軍司令官に方面軍命令を正式に伝達しなければならない。

夜の明けるのを待って百武軍司令官を訪ねた。〝軍司令官室〟は大樹の根本に掘られた洞窟の中だった。井本中佐の命令伝達と撤退決定にいたる詳細な説明を聞いた百武中将は、沈痛な表情で言った。

「ご連絡の事項はすべて承った。事重大であるので、しばらく考慮いたしたい。後刻回答するので、その間待機しておれ」

洞窟を出た井本中佐は、参謀長の小屋で待った。この間約二時間、百武中将は宮崎参謀長と何回か話し合い、井本中佐を洞窟に呼んだ。

「現状は各方面から考察して、軍を撤退することは難事中の難事である。しかし方面軍の命令は、あくまでこれを実行しなければならない。軍は命令を遵法(じゅんぽう)してその達成に全力を尽くす。ただし、これが完全にできるか否かは予測することはできない……」

撤退準備は一般将兵にも秘密にされる中で、慎重に進められた。そして撤退行動を米軍に察知されないようにするため、あたかも攻勢に出るかのような形を取って行動した。

ところで、第二師団歩兵第二九連隊の戦闘記録に、興味ある記述がある。

「一月十四日、第二師団は最後の戦力もって勇川の線に陣地を構築し決戦を行うに決す。第一班は独歩できる者、第二班は手を借りて歩ける者、第三班はなんらかの方法で動ける者で編成す。重患にして移動不能の者は現在地で決戦に参加するものとするが、自決せる者はその日をもって戦死と認む」

一月十四日といえば、撤退決定の直前である。実はこのとき、第一七軍司令部は軍司令官以下、全将兵が突撃する予定だったのである。

米軍は一月十二日から日本軍撃滅を期して総攻撃を開始し、三日間の間に日本軍の第一線陣地をことごとく奪取し、一部では包囲態勢を完成させていた。そこで第一七軍司令部は、後方で臥せている傷病兵にまで銃を持たせて、カミンボ付近で徹底抗戦――玉砕戦を敢行する予定だったのである。そのため歩兵第二九連隊の第一班三八名はすでに行動を開始していたため、撤退命令が届かず全員戦死してしまった。第二班以下はこの「決戦編成」を生かして撤退地点まで行軍を重ねたのだが、このとき「重患にして移動不能の者」が何名いたかは記録にない。

二月一日夜、撤退が開始された。撤退地のエスペランスとカミンボ海岸に集められた将兵には、迎えの駆逐艦が到着するまでは「これから逆上陸戦を行う」と思い込ませての行動だった。第二回の撤退作戦は五日夜に行われ、最後の三回目は予定どおり七日夜に行われた。米軍の攻撃は陸

日本軍が”奇跡の撤退”を果たしたガ島のエスペランス岬に不時着した零戦と、乗り捨てられたままの大発艇（上陸用舟艇）。

から も海からもまったくなく、撤退作戦は奇跡的に成功をおさめた。

この撤退時のガダルカナル島の日本軍兵力がどのくらいだったかは、正確な数字はない。結論的に記せば、日本の陸海軍は三万一、三五八名の将兵を上陸させ（資料により多少の相違がある）、撤収作戦で生還した将兵は三分の一の一万六六五名である。差し引き二万六九三名が還らなかったのである。

昭和十八年二月九日、大本営はガダルカナル島撤退の成功を発表し、ラジオは次のように放送した。

「ソロモン諸島ガダルカナル島に作戦中の部隊は、敵軍を同島の一角に圧迫し、その戦力を撃砕せり。よって二月上旬、部隊は同島を撤し、他に転進したり」

## 伊号潜水艦撃沈で暗号書が危機に

　ガダルカナル島からの戦闘員撤収は、完璧といってもいい形で終了した。ところが、島の将兵たちが迎えの駆逐艦に乗船したカミンボ海岸の沖合一キロたらずの海上では、実は日米両軍がもう一つの戦いを繰り広げていた。

　昭和十七年の大晦日に開かれた御前会議でガダルカナル島撤退が決定されると、大本営は食糧輸送の強化を決めた。島の将兵たちに、集合地までたどり着くだけの体力を回復させるためである。駆逐艦による海上輸送は危険になっていたから、連合艦隊司令部は第六艦隊（潜水艦部隊）に輸送を命じた。輸送は撤退開始直前の十八年一月三十日まで、ほぼ毎夜、一日一隻の潜水艦が一〇トンから二〇トンの食糧をエスペランス沖かカミンボ沖に運んだ。

　この日本軍の潜水艦輸送を、ハワイの米太平洋艦隊艦隊無線班は通信解析と暗号解読でかなり正確に予知していた。ことに昭和十八年一月二十三日以降の、ラバウルの第八艦隊参謀長から各潜水部隊指揮官やガダルカナル島の第一七軍参謀長に宛てた、潜水艦の航行予定を知らせた暗号はほぼ解読されていた。連合軍はこれら日本軍潜水艦を撃沈しようと、ガダルカナル島北岸一帯に哨戒網を敷いていた。ニュージーランド海軍のコルベット艦（船団護衛用の小型高速艦）「キウィ」（六〇〇トン）と「モア」（同）も哨戒の一端を担っていた。

　その潜水艦による海中輸送も終わりに近づいた一月二十九日、伊号第一潜水艦＝伊一潜はショートランド島を出航、ガダルカナル島のカミンボ沖を目指した。そして夕方の六時半ごろ、半潜航状態でカミンボに近づいていった。「モア」とともにカミンボ沖を行動中だった「キウィ」の後方ソナー（水中音響探知機）が、距離約二、七〇〇メートルに伊一潜のスクリュー音を探知した。「キウィ」は現場に急行し、二回にわたって合計一〇個の爆雷攻撃を加えた。攻撃は正確で、爆雷の下では伊一潜がのたうち回っていた。

この攻撃で二区画に浸水した伊一潜は浮上し、砲撃を開始した。伊一潜は水上排水量が二、〇〇〇トン近くある巡航潜水艦であり、敵哨戒艇の三倍近い大きさである。砲力も倍近くあった。伊一潜は一五〇メートルもない至近距離から、一四センチ砲や二〇ミリ機関砲などすべての火砲を動員して敵艦を攻撃した。

「キウィ」艦長のG・ブリッゾン少佐も一〇センチ砲と二〇ミリ機銃で応戦すると同時に、伊一潜に艦首を向けるや全速力で突進を開始した。驚いた機関長が「どうするんですか！」と抗議の声を上げると、艦長は怒鳴った。

「黙ってろ！　オークランドでの週末休暇が目の前に来てるんだ！」

ブリッゾン少佐は砲撃戦では敵わないと判断したのか、追突作戦に出たのである。

「ガガガァーン！」

もの凄い衝撃音が発し、「キウィ」は伊一潜の左舷後部に激突した。この攻撃で司令塔にいた潜水艦長の坂本栄一少佐と砲術長、砲員のほとんどが戦死した。日本時間の午後七時二〇分のことだった。

ブリッゾン少佐はさらに「一週間の休暇」をとるため、「キウィ」を後進させた。再突撃をするためである。伊一潜の司令塔で生き残っていた航海長の酒井利美大尉は、敵艦の目的を察知するや司令塔のラッタルを滑り降りながら叫んだ。

「刀だ！　刀だ！」

酒井大尉は日本刀を持って司令塔に戻った。「キウィ」が再び突進してきた。激しい衝撃が艦を包んだ。酒井大尉は敵艦の上甲板の手すりにつかまって乗り移り、斬り込みをかけようとした。しかし日本軍の記録によれば、「航海長抜刀敵艇ニ乗込マントセルモ舷高ク目的ヲ達セズ」とある。

伊一潜は「キウィ」の二回の衝突にも耐えていた。ブリッゾン少佐は「今度は二週間の休暇だ！」と三回目の衝突を命令し、艦首を伊一潜の後部燃料タンクのあたりに乗り上げた。そして「キウィ」が伊一潜から離れるのを待って、今度は「モア」が砲撃を始めた。伊一潜はなんとか逃れようともがいたが、午後八時四〇分、カミンボの沖合一キロに擱座、艦首を海上に突き出したまま沈没した。水雷長で先任将校の是枝貞義（これえださだよし）大尉ほか六五名（ガダルカナル島に輸送中の陸軍兵一九名含む）の乗組員は、ガダルカナル島の海岸にたどり着けたが、乗組員二七名と乗船していた陸軍部隊四一名は戦死した。

伊一潜を脱出する際、乗組員たちは使用中の暗号書は持ち出したが、呼出符号一覧表や古い暗号書、海図などは艦内に残したままだった。まもなくガダルカナル島の海軍警備隊と連絡が取れ

ガ島のカミンボ海岸の沖合で撃沈された伊一号潜水艦。この潜水艦の暗号書争奪戦も熾烈だった。

た先任将校の是枝大尉は、暗号書など機密図書は地中に埋め、第六艦隊司令部に伊一潜が撃沈されたことを報告した。

伊一潜の撃沈はただちに東京の大本営海軍部（軍令部）に報告された。通信保全課（軍令部第一〇課）は、撃沈場所がガダルカナル島の海岸からわずかな浅瀬であると聞いて仰天した。そのとき伊一潜は現在使用中の暗号書ばかりではなく、まもなく使用開始が予定されている予備の暗号書も何冊か搭載していたからだ。もしもこれらの暗号書が敵の手に渡ったならば、太平洋全域の海軍部隊に配布されている二〇万冊以上もの暗号書が危機に瀕する。

大本営海軍部通信部長と第六艦隊司令長官から、ガダルカナル島のカミンボにある海軍警備隊に指令が飛んだ。

「暗号書、機密図書はただちに焼却せよ！」

是枝大尉たちは暗号書を埋めた場所に戻り、一部を焼却しただけで、大半は数カ所に埋め直した。暗号書を埋めたカミンボ海岸は米軍陣地の背後であり、いつまでも焼却作業を続けていると発見される危険があったからだ。

暗号書を埋め直した是枝大尉は、艦体の処分に入った。二月二日の夕方、是枝大尉と下士官四名はカミンボの陸軍船舶団員一一名に助っ人を頼み、艦首を海上に突き出したままの伊一潜に爆雷を投下し、さらに爆薬を使っての爆破を行った。しかし伊一潜の艦体は、全長の五分の一は海面上に姿をとどめていた。

## ガダルカナル島沖で展開された暗号書奪取作戦

是枝大尉たち伊一潜の生存者がカミンボの海岸にたどり着いた一月三十日の早朝、ニュージーランドの哨戒艇「キウィ」と「モア」は、まだ伊一潜の近くにとどまっていた。そして夜の明けるのを待って潜水夫と乗組員を伊一潜に送り、艦内から暗号書などを押収し、同時に重傷を負って潜んでいた航海長の酒井大尉を捕虜にした。

この日本の潜水艦撃沈と将校一名を捕虜にしたという朗報は、ニュー・カレドニアのヌーメアに司令部を置く南太平洋地域司令官ウイリアム・F・ハルゼー大将とハワイの太平洋艦隊司令長官チェスター・W・ニミッツ大将（太平洋方面司令長官兼務）、さらにワシントンの合衆国艦隊司令長官アーネスト・J・キング大将（海軍作戦部長兼務）にも報告された。

ガダルカナル島の日本軍の撤退作戦が開始されたのは二月一日で、すでに記したように二月七日には撤退を終了していた。是枝大尉たちも最終七日の駆逐艦に収容されてガダルカナル島を離れ、ラバウルにたどり着くことができた。そして是枝大尉たちの経過報告を聞いた第六艦隊と連合艦隊司令部は、伊一潜の処分は不十分で、艦内に暗号書などの機密文書が残っている可能性大と判断、艦体の徹底処分を命じた。

二月十日、ラバウルの第二六航空戦隊は爆撃機九機と護衛の零戦二〇機をガダルカナル島沖に出動させ、擱座している伊一潜を爆撃させた。しかし命中したのは一発だけで、徹底破壊は失敗した。東京の軍令部も連合艦隊司令部も、ますます不安を募らせた。そこで第六艦隊は、ラバウルにいる伊二潜に是枝大尉を乗艦させてガダルカナル島沖に派遣し、雷撃で処分することにした。

伊一潜をめぐる戦いは、この後も続く。米軍のガダルカナル海軍基地指揮官は、潜水艦救難艦「オートラン」に敵潜水艦の引き揚げを命じた。サルベージ作業は二月十三日に行われた。そして伊一潜の司令塔から日本海軍の暗号書二部、カナ暗号書一部、潜水艦用と思われる暗号書一部を発見した。収穫の結果は、その日のうちに緊急信でヌーメアのハルゼー長官に報告され、ハワイのニミッツ長官にも通報された。

ニミッツの反応は素早かった。ニミッツは折り返すように至急信をハルゼーに打った。

「手に入れた敵の暗号書は、すみやかに航空機で当司令部に送られたし。日本軍は当該潜水艦にある機密文書について懸念している」

ハワイの艦隊無線班は、日本海軍が沈没した潜水艦の処置に関して、さかんに現地部隊に命令を発信しているのを傍受していたのだ。

一方、ラバウルを出航した伊二潜がカミンボ沖に到着したのも二月十三日だったが、もはや沈没地点に伊一潜の艦体は跡形もなかった。米軍の「オートラン」が浮揚させ、艦内を捜索するために曳航して行った後だったのである。

日本の海軍が緊急措置として新暗号書への切り替えを行ったのはこの直後、昭和十八年二月十五日のことだった。戦時暗号書の乱数表もただちに改正された。おかげで〝伊一潜の宝物〟がハワイの真珠湾に届けられたときには、すでに過去の遺物になっていた。

ところが、この遺物の到着に大喜びした男たちがいた。米太平洋情報センター艦隊無線班(一部組織が変更された)の暗号解読者たちである。その情報センター戦闘情報班の分析官だったW・ジャスパー・ホルムズ大佐は回想記『太平洋暗号戦史』(妹尾作太男訳、朝日ソノラマ)に書いている。

「伊一潜から回収された赤表紙の五桁暗号とその乱数表が艦隊無線班に到着しないうちに、この暗号は変更されてしまったが、ダイアとライトにとってこの暗号書は、宇宙飛行士の〝月の石〟のように貴重なものであった。長時間かけて二人は、この暗号数字のなぞときにかかり、その意味を探り出そうと計画を立てた。二人はこの暗号書のページを繰って、これまで彼らが行ってきた解読の正否をチェックし、正解を再確認し、また、誤読についてはその理由を知ることができた」

さらに遺物の暗号書の呼び出し符号リストから、日本艦隊の編成と新しい艦艇や基地の名前を確認することもできた。また赤表紙の薄いパンフレットには、二字と六字の地点略語が全部収録されていた。ＡＦＧはフレンチ・フリゲート環礁であり、前年六月のミッドウェー作戦に関する日本海軍の暗号解読にあたって、暗号解読者を悩ませた地点略語「ＡＦ」は、間違いなくミッドウェー島であった。

伊一潜の撃沈によって日本の海軍が暗号を変更してしまったことは、米軍の暗号解読陣にとっては確かに痛手ではあったが、それは一時的なことである。それよりも日本の海軍暗号の癖を確認できただけでも、今後の解読作業には大変な貢献といえた。事実、ハワイの艦隊無線班は、まもなく日本海軍の艦隊指揮官が高度の機密を要する通信に使う五桁の数字暗号を、少しずつではあったが再び解読できるようになっていたのである。

# 第八章　ダンピール海峡の悲劇
## 米軍に読まれた日本軍船団の行動

### 計画し、訓練された戦闘

「ビスマルク海海戦は偶然に起こったものではない。ただ敵船団の出港するのを見て、おっとり刀で出かけて行って、それをやっつけたというような簡単なものではない。それはあらかじめ計画し、訓練した戦闘だったのだ。われわれはその会敵の地点までもあらかじめ選んであったのだ。わが方の全航空部隊がもっとも有効に日本の輸送船団と取っ組み合いのできるような地点を選んであったのだ」

これはアメリカ第五空軍司令官ジョージ・ケニー中将が残しているメモの一節だ。偶然の勝利ではなく、事前にその行動の予定を確実につかみ、そのうえであらかじめ準備していた確実な戦闘を挑んだ結果勝利した海戦だと強調している。

米軍が「ビスマルク海海戦」と呼ぶ戦いは昭和十八年（一九四三）三月二、三日、ラバウルから東部ニューギニアのラエに輸送する第五一師団主力を乗せた輸送船八隻すべてと、護衛の駆逐艦八隻のうち四隻が、ダンピール海峡で撃沈された戦いである。米軍はその大勝利を記念して「ビスマルク海海戦」と名付けた。壊滅的打撃を受けた日本側は、単にその敗北した地点の名を冠して「ダンピール海峡の悲劇」と情緒的に呼びならわしている。輸送作戦そのものは八一号作戦という。

ソロモン海とビスマルク海は東部ニューギニアのフォン半島とニューブリテン島の西端に挟まった海峡によって隔てられている。ダンピール海峡はニューブリテン島と沖合いのウンボイ島の間を指し、ウンボイ島とフォン半島の比較的広い海峡はビティアズ海峡と呼ばれる。輸送船団は実際にはビティアズ海峡を通過中に大部分が撃沈されているが、慣例的に「ダンピール海峡の悲劇」と称している。

前年（昭和十七年）、六カ月にわたるガダルカナル島をめぐる陸海空の壮絶な戦いに敗れた日本軍は、それでもなおラバウルを根拠地として南東方面における防備をかためようとしていた。オーストラリアを根拠地とするマッカーサー軍のフィリピン進攻作戦を阻止しようというのである。

マッカーサー大将を総指揮官とする米南西太平洋方面軍が、フィリピンを奪回するためにニューギニア伝いに進攻しようとする意図は、ガダルカナル戦と並行して戦われたブナ、ギルワにおける連合軍の死に物狂いの戦闘から察して、ほぼ推察がついていた。東部ニューギニアの東端ミルン湾に大規模な兵站を設け、さらに新占領地のブナ付近のオロ湾にも新たな兵站を築きあげつつあることがその何よりの証拠だった。

このため日本軍は、開戦当初、足早にに占領したラエ、サラモアの防備を拡充し、さらにはサラモアの南西にあたる山中のワウを攻撃した。

ワウは、昭和十七年三月、オーストラリア軍によって陣地化された。それは日本軍によるラエ、サラモアの占領に呼応するもので、ポートモレスビー防衛の前哨基地という意味があった。日本軍のポートモレスビー攻略は、昭和十八年初頭の時点ではすでに不可能となっていたが、それでもワウを占領することは日本軍の東部ニューギニアの防衛を固め、マッカーサー軍の進出を阻止するうえで大きな戦略的価値があった。わずか五〇〇名ほどの兵力だったが、そこには飛行場が造成されていたからだ。

## 船団上空を飛び続けた哨戒機

ワウを攻撃したのは第五一師団第一〇二連隊を基幹とする岡部支隊（岡部通少将。約三、五〇〇名）である。昭和十七年一月にラバウルから五隻の輸送船に分乗し、ラエに上陸した。このときも米空軍の来襲があったが、一隻がラエの海岸に乗り上げただけで、輸送には成功した。しかし、ラエ攻撃には失敗した。連合軍の空襲を避けてわざと地図もない密林を進撃路に選んだからである。戦闘に負けたというより、道に迷っているうちに食糧がなくなったのである。

こうしてワウ直前まで迫って撤退のやむなきに至ったとはいえ、日本軍のワウ攻撃はこれで終わるとはマッカーサー司令部は考えなかった。

「ちょうどこの時期に、マッカーサーはケニーに対し、次の悪天候のやってくる『前線』に注意を払わせた。日本軍がその時期を利用し、ラバウルからビスマルク海を越えて、ラエおよびサラモアの救済、増援のため、大船団を送ってくるだろうと予期されたからである」（チャールス・A・ウィロビー著『マッカーサー戦記』）

このあたりは船団輸送に関する直接的な情報収集というより、情況に対する分析と評価の問題である。すなわち、米軍は日本軍の暗号解読や通信諜報だけではなく、日本軍の行動を読むことで勝利を手にする点でも優れていたといえる。

連合軍が準備したことは二つあった。一つは、いつ、どのコースを輸送船団は通るのか。もう一つは、悪天候でも確実に輸送船を沈める攻撃法は何か、ということである。

いつ、どのコースを通るのか――気象班は二月末にニューブリテン島の北岸が悪天候に見舞われることを報告した。彼らが天候の悪い日時を選択するだろうということを大前提として、偵察活動が強化された。荒天こそ劣勢にたった日本海軍が選択できる限られた条件だったからだ。そして連合軍情報部は二月十九日の時点で、ラエへの日本軍隊の移動を予測し、二十八日にはその上陸地点をラエに三月五日、マダンに三月十一日と推定し、警報を発した。

実際、第五一師団の主力を満載した輸送船八隻と護衛の駆逐艦八隻がラバウルを出港したのは二月二十八日午後一一時三〇分である。翌日三月一日、日本軍は上空警戒を陸軍機で、対潜警戒を海軍機が実施した。

連合軍はこれに対して潜水艦と哨戒機で輸送船団の発見に全力を挙げた。これらは日本軍によって一日午後二時から二時一五分にかけて相次いで発見されたが、潜水艦はすばやく潜航し、哨戒機は戦闘機の攻撃圏外で接触を続け、夜間に入ってもしばらくは吊光弾を投下して船団の位置を確認し続けた。

第五空軍では、輸送船団がすべてラエに向かう場合、ラエとマダンに分離して向かう場合、すべてマダンに向かう場合という三案を想定して襲撃の作戦をたてた。もっともラエとマダンは直線距離で約五〇〇キロ離れており、軍隊が通れるような通路はない。ポートモレスビーに準備された航空兵力は、戦闘機一五四機、軽爆三四機、中爆四一機、重爆三九機の計二六八機だった。一日の輸送船団までの距離は、重爆以外は攻撃圏外にあり、出撃は見合わされた。

二日、B17爆撃機が索敵攻撃に向かった。昼前から日没直前まで断続的に四〇機ほどがポートモレスビーを出撃し、P38戦闘機数一〇機が護衛についた。この日の攻撃は本格的ではなかったが、それでも輸送船のうち「旭盛丸」が撃沈された。

三日朝、輸送船団はフィンシュハーフェン東方海域、すなわちフォン湾入り口に到着した。連合軍にとってはこのときが待ちに待った地点だった。第五空軍を基幹とし、オーストラリア空軍もその指揮下においた連合航空軍前進部隊は正確にその位置を知っていた。なぜなら、前夜来、哨戒機は輸送船団を視界にとらえられる上空にあり、ひっきりなしに吊光弾をあげて接触を保っていたからだ。ポートモレスビーにある空軍司令部にとっては、このうえもない貴重な情報だった。

もっとも、日本船団は哨戒機の判断を迷わすためにわざと西よりの進路をとって、上陸地点がマダンであるかのようなそぶりを見せたが、夜通し接触を続ける哨戒機の目をごまかすことはできなかった。

## 日本船団、海面反跳爆撃の餌食に

翌三月三日の情況を日本側資料によって見てみると、次のようであった。

午前五時一五分　B25爆撃機少数機が飛来して超低空爆撃を行った。

午前七時五〇分　B17、A20、B35の各爆撃機が飛来した。それらはP38、P40戦闘機に護衛されており、機数は戦爆合計三〇機を超えた。爆撃機は超低空爆撃を反復した。

午前八時一〇分　爆撃機の数はさらに増え、少なくとも七〇機以上といわれる。A20、B25爆撃機が超低空で、B17爆撃機が中程度に、戦闘機がその上に布陣し、主として超低空爆撃を次々に敢行して、輸送船七隻と駆逐艦四隻に確実に命中させた。

「〇七五五に始まった戦闘の終わりころ、敵軽爆（A20）が右前方から高度約一〇メートルで機

ダンピール海峡で日本の輸送船団を帆柱すれすれの低空で攻撃するオーストラリアのビューファイター機。

銃を掃射しながら突っ込んできた。『白雪』はこれに向首しつつ、回避に努めていたが、そのうちの一機が右舷斜め後ろから突っ込んできて、長い魚雷のような爆弾を投下し、橋のヤードに当たるぐらいに飛び去った。全見張員は『敵魚雷』と報告した。だれも魚雷と思っていた。爆弾は水面で跳躍した後、三番弾薬庫に命中した」

駆逐艦「白雪」に乗り組んでいた第三水雷戦隊通信参謀半田仁貴知少佐の回想という。

「爆弾は水面で跳躍」という攻撃法が米軍の艦船に対する新しい攻撃法だった。このいわゆるスキップ・ボンビング（海面反跳爆撃）は、高空から爆弾を投下する水平爆撃の命中率が一、二パーセントに過ぎないという事実から、より有効な爆撃法として考案されたものだった。イギリス空軍が先駆者だが、米第五空軍

日本の輸送船を攻撃する米軍のA-20軽爆撃機。

ではその戦訓を生かして一九四二年末から訓練に入っていたのだった。その爆撃方法は、爆撃機が一〇〇メートル以下まで高度を下げて敵艦船に接近し、敵艦船の三〇メートル前後の海面に爆弾を投下するというものだ。爆弾は海面をスキップして舷側に命中する。海面に対する衝撃で爆発しないように遅動信管を新たに開発し、古い難破船を標的にして訓練に励んできた。その最初の実戦がビスマルク海海戦だったのである。

## 米軍、漂流生存者も射殺

冒頭で紹介した第五空軍のケニー司令官のいう「あらかじめ準備し、訓練した戦闘」とはまさにこのスキップ・ボンビングのことを指している。悪天候でも確実に日本軍輸送船や護衛艦を撃沈する方法が、反跳爆撃だったのである。

「靄と雨と密雲とを冒して、訓練計画どおりに攻撃を加えた。海面反跳爆撃の訓練をやったかいがあった。はげしい敵の防御砲火をくぐり、低高度で接敵したケニー将軍の航空部隊は、水面すれすれに飛んで、極力、目標に近いところで爆弾を投下した。

ビスマルク海海戦は三日間続いた。ケニーの爆撃機は、雲間にたとえ一瞬間でも切れ間があったら、船団に近寄って行った」

これはウィロビー少将が紹介しているマッカーサー司令部の記録の一節だが、続いて「この奇襲攻撃の日本軍に与えた損害は、輸送船および駆逐艦二十二隻、航空機百五十機、人員一万五千名というものであった。しかし、これは戦果を二重に計算したものが含まれていた。こうした目撃者の誤りは靄や雨の中ではやむを得ないことだったのである」と述べている。

この誤認のうち、もっともかけ離れているのは撃墜航空機の数であろう。日本側の記録では三日午前八時五分の時点で、護衛戦闘機数は四一機でしかなかった。

この日の午前、上空警戒の担当は海軍で、米軍機の本格的攻撃が始まったころ、スルミから零戦一四機、ラバウルから一二機、カビエンから一五機が駆けつけて警戒していた。ところがその大部分は高度六、〇〇〇メートル付近で警戒に当たっていたので、超低空で艦船に迫った爆撃機を阻止できなかったのだ。それでも上空においては敵機二四機撃墜（不確実八機）と報告されている。日本軍機の損害は自爆、未帰還を含めて四機だった。

ラバウルの第一一航空艦隊、第二一航空戦隊の各司令部は、輸送船団が空襲に遭っているとの報告に基づき、零戦一二機を急派したが、この戦闘機群は昼過ぎに現場上空に到着、警戒中に飛来した戦爆連合約四〇機と空戦、五機を撃墜（不確実二機）したという。

この日午後の第五空軍による第二次攻撃で、遭難者救助中の駆逐艦「朝潮」が撃沈された。連合軍の攻撃は情け容赦のないものがあった。当日の夜間、第七艦隊の魚雷艇が現場に到着し、漂流中の輸送船「大井川丸」を撃沈したほか、翌四日午前には、再び爆撃機を現場に派遣し、漂流中の駆逐艦二隻（「朝潮」「時津風」）を撃沈した。さらに数日間にわたり、爆撃機と魚雷艇が同海面付近を徹底捜索し、救命艇や筏などで漂流中の生存者を数多く射殺したのである。

ところで米軍は、この〝ダンピール海峡の悲劇〟で撃沈された輸送船「帝洋丸」が放棄した救命ボートから貴重な書類を押収した。語学兵たちが翻訳してみると、それはとんでもない機密書類だった。昭和十七年十月十五日に調製された日本陸軍将校実役停年名簿だったのである。ジョーゼフ・D・ハリントンの『ヤンキー・サムライ』（妹尾作太男訳、早川書房）によれば、「上は東条英機から下は全く目につかない中隊長に至るまでの、日本帝国陸軍四万名の全将校士官名簿だった。この名簿には各将校の氏名、配属部隊および職名が記入されていた」という。

# 第九章　海軍甲事件と「ヤマモト・ミッション」

## ヤマモト機を撃ち落とせ！　山本五十六大将機撃墜の真相

### 解読された前線視察日程の暗号

ハワイ諸島の中心地オアフ島のマカラパ丘に米太平洋艦隊司令部の新しいビルが完成したのは、日本の真珠湾奇襲攻撃が行われた翌年の一九四二年八月だった。日本でいえば昭和十七年である。それまでの司令部は、真珠湾の燃料タンク群を背中にした潜水艦基地の中にあり、風通しも悪く、いつもムシムシしていた。しかし新司令部は風通しも眺めも申しぶんなく、ビルの主である司令長官チェスター・W・ニミッツ大将は、戦局の行方を別にすれば、しごくご機嫌であった。

その日、一九四三年四月十四日の早朝、太平洋艦隊情報参謀のエドウィン・T・レイトン中佐は、ビルの地下にいるジョセフ・J・ロシュフォート中佐から呼ばれた。

第十四海軍区戦闘情報班主任のロシュフォート中佐は、今朝早く、太平洋艦隊無線部隊が受信した日本海軍の暗号無線の解読にあたっていた。暗号はアリューシャン列島のダッチハーバーにあるアメリカ海軍無線傍受所がキャッチし、真珠湾に送ってきたものだった。28743　25354　17839　27291……際限なく並ぶ五桁の数字の乱数方式暗号を、IBMのカードにパンチされている乱数表を使って一つ一つ攻略していくうちに、ロシュフォートはこのJN25暗号（日本海軍の作戦用暗号で、日本の呼称はD暗号）が、耳を疑いたくなるような代物であることに気がついたのだ。ロシュフォートは急いで情報参謀のレイトンを呼び、同僚のアルヴァ・ブライアン・ラスウェル中佐が英文に翻訳した日本海軍の暗号通信文を手渡した。

通信文に目を通したレイトン中佐の顔が、みるみる変わった。レイトンは傍らの受話器を取り上げると、ニミッツのワシントン時代からの忠実な副官H・アーサー・ラマー中尉に電話した。

「長官に至急お会いしたい」

受話器を戻した彼は、金庫の扉のような戦闘情報班室の鋼鉄製のドアを押すと、脱兎のごとく階上に駆け上がっていった。

午前八時二分、レイトン中佐は長官執務室に飛び込んだ。「ゼロゼロ（長官）はお会いになります」

ラマー中尉は長官執務室のドアにチラッと視線を投げて言った。レイトン中佐は長官執務室に入り、暗号解読文をニミッツに渡して言った。

「懐かしきご友人、ヤマモトの件であります」

その文書には〝真珠湾の騙し討ち〟の張本人、敵将山本五十六大将の前線視察日程が詳細に記されてある。発信人は日本の草鹿任一南東方面艦隊司令長官と三川軍一第八艦隊司令長官の連名になっていた。日本海軍の暗号電文（原文）は次のようなものであった。

機密第一三一七五五番電
着信者　第一根拠地隊、第二十六航空戦隊、第十一航空戦隊各司令官、第九五八海軍航空隊司令、「バラレ」守備隊長
受報者　聯合艦隊司令長官
発信者　共符
本文、発　南東方面艦隊司令長官、第八艦隊司令長官
聯合艦隊司令長官四月十八日左記ニ依リ「バラレ」「ショートランド」「ブイン」ヲ実視セラル
一、〇六〇〇中攻（戦闘六機ヲ附ス）ニテ「ラバウル」発、〇八〇〇「バラレ」着、直ニ駆潜艇（予メ一根ニテ一隻ヲ準備ス）ニテ〇八四〇「ショートランド」着、〇九四五右駆潜艇ニテ「ショートランド」発、一〇三〇「バラレ」着（交通艇トシテ「ショートランド」ニハ大発「バラレ」ニテハ内火艇準備ノコト）、一一〇〇中攻ニテ「バラレ」発、一一一〇「ブイン」着、一根司令部ニテ昼食（二十六航空戦隊首席参謀出席）、一四〇〇中攻ニテ「ブイン」発、一五四〇「ラバウル」着
二、実施要領、各部隊ニ於テ簡潔ニ現状申告ノ後隊員（一根病舎）ヲ視閲（見舞）セラル、但シ

　各部隊ハ当日ノ作業ヲ続行ス
三、各部隊指揮官、陸戦隊服装略綬トスル外当日ノ服装トス
四、天候不良ノ際ハ一日延期セラル（終）

　電文冒頭の「機密第一三一七五五番電」の電番号は、十三日一七時五五分に発信したことを示し、この電信の固有番号になる。また「共符」とは、発信者を示す符字に代えて艦船用の共通符字を使い、実際の発信者名は本文中に組み込んで打電する一種の秘密通信法である。そして「中攻」とは中型陸上攻撃機のことで、このときは三菱の一式陸上攻撃機を指していた。

　解読文に目を通したニミッツは、壁に掛けられた地図を目で追ったあと、レイトン中佐に言った。

「どうだ、彼をやっつけるべきと思うかね？」

「はい」

　敵将ヤマモトの乗機を撃ち落とす——米軍はこの作戦を「ヤマモト・ミッション」と名付けた。

## 山本連合艦隊司令長官、ラバウルの前線に立つ

　日本軍の敗退でガダルカナル島に航空基地を確保した米軍は、続々と新鋭機を投入し、南太平洋戦域での地位を確固なものにしつつあった。一方、珊瑚海海戦以来、三次にわたるソロモン海

戦、それに続く南太平洋海戦などで日本海軍の航空戦力は損耗し、多くの熟練パイロットを失っていた。

当時、ラバウル方面に展開していた日本の航空兵力は、海軍の第二一航空戦隊と第二六航空戦隊の約一六〇機（うち戦闘機約九〇機）を主力に、陸軍の第六飛行師団（保有機数は海軍の約半数）であった。それも連日の航空戦で人、機ともに消耗していた。加えて連合軍側はソロモン方面に約二〇〇機、ニューギニア方面に約三〇〇機を配備していると見られ、このうちの約半数が戦闘機と判断された。さらに連合軍は一カ月に五〇機から一〇〇機近い新鋭機を第一線に送り込んでいるらしい。このままでは南太平洋での制海権の喪失にもつながりかねない。

そこで連合艦隊司令部は、海上の決戦兵力の中核を成す第三艦隊の空母「瑞鶴」「瑞鳳」「飛鷹」などの艦載機をラバウルの陸上基地に集結し、基地の航空兵力と併せて一挙に連合軍の空海戦力を壊滅に追い込もうという作戦を練り上げた。これが「い」号作戦と呼ばれた運命の作戦である。そのとき連合艦隊は南洋群島のトラック島に碇泊する戦艦「武蔵」を旗艦にしていたが、司令部は作戦を直接指揮するためラバウルに進出するという意気込みを見せた。こうして昭和十八年四月三日、山本五十六長官は宇垣纒（うがきまとめ）参謀長をはじめとする幕僚とともに、二式大艇二機に分乗してラバウルに飛んだのだった。

宇垣はこの日の日記（『戦藻録（せんそうろく）』）に興味ある記述をしている。原文は旧字・旧仮名遣いで馴染めないので、一部現代風に直して引用してみる。

「今回、直接作戦指導に当るに関しては、連合艦隊司令部は大きな決意を持っている。もしそれ（『い』号作戦）この挙において満足なる成果が得られなければ、当方面の今後の勝算はとうていない。一般の作戦当事者はこういう認識がないのではないか。また従来、幹部が自ら前線に出て指揮統率に従い、全般を鞭撻しようとする気概にやや欠けているのを残念に思う。

ここにおいて、私はブカ、ブイン、ショートランドはもちろん、コロンバンガラ、ムンダまで出向くよう希望を述べた。参謀連中は相当に泡を食ったようだった。長官もすでに当地に進出している。よって為すべき決定事項はきわめて小にして、単に航空戦にとどまる。この際、万難を排してわれわれの前線進出は当然である。危険はどこにでもあり、戦なれば当然と言える」

為すべき決定事項もなく、単に航空戦にとどまる——大変な自信である。

それはともあれ、宇垣参謀長はラバウルに着くと同時に、前線視察の計画をつめるよう幕僚たちに命じたのだった。

宇垣にすれば、連合艦隊司令部がラバウルに進出してきた以上、海軍として当地の陸軍に一言「挨拶」すべきだと考えていた。そもそもガダルカナル島戦は海軍が同島を占領、飛行場建設をしたことに起因している。そのために陸軍の第一七軍は壊滅的打撃を受け、多くの死傷者を出してブーゲンビル島などに退却していた。ここで頭を下げておかなければ、以後の作戦協力に支障を来すと考えたのである。

連合艦隊司令部は、ラバウル進出と同時に南東方面艦隊司令部に将旗を掲げた。その翌四月四

日の夕方、山本は宿舎にしている第八根拠地隊の宿舎に宇垣を同乗させて車で帰る途中、

「僕もショートランドへ行きたいからね」

とポツリといった。

四月七日、「い」号作戦は開始された。参加する航空機は第一一航空艦隊二二四機、第三艦隊の母艦機一九五機、合計四一九機（推定）が出撃態勢をとった。目標はガダルカナルを初めとするソロモン群島と、ポートモレスビー、ラビなどニューギニア東部地区の連合軍空海兵力とされた。

作戦は天候不良に悩まされながらも「順調」に進み、日本軍は次々と「大戦果」を上げる。現地の連合艦隊から戦果報告を受けた大本営海軍部は、国民に華々しく戦果発表を行った。この「大戦果」に気を良くしたのか、山本はラバウルに来てデング熱にかかって入院している宇垣に代わって、前線視察計画の立案に当たっている室井捨治航空乙参謀ら幕僚たちに、何度か準備を促している。そして「参謀長が行けないときは、僕だけでも行きたいからね」と、積極的な姿勢を見せていた。

## 山本長官の前線視察に危惧を抱いた人たち

作戦はその後も天候の合間を縫って敢行され、四月十一日からは零戦と陸攻、艦爆連合でニューギニアのポートモレスビー方面の攻撃に入った。ここでも「大戦果」を上げた連合艦隊は、天

ラバウル基地に進出して、出撃する搭乗員に訓示する連合艦隊の山本五十六司令長官。

皇の「非常に満足に思う旨連合艦隊司令長官に伝えよ。尚、ますます戦果を拡大するように」という御嘉賞の言葉が軍令部総長を通じて伝えられた。

山本長官の表情にもゆとりが見られた。第八根拠地隊の宿舎がある高台からは、ラバウルの東飛行場が眼下に見下ろせ、官邸山と呼ばれる一帯には野生の子猿が人懐っこく降りてくる。その子猿たちが、出勤する山本の足元によくチョロチョロとまとわりついてきた。柔和な笑みを浮かべた山本長官は、必ず歩みを止め、腰をかがめてほんのひとときを子猿とたわむれ、再び送迎車の待つ車庫に向かうのを日課のようにしていた。

四月十三日、室井航空乙参謀たちによって立てられた前線視察日程が、宇垣参謀長の署名を得て、ラバウルの第八通信隊の放送通信系と南東方面艦隊の一般短波系の二波を使って送信された。やがて米軍に解読されるこの「ＮＴＦ（南東方面艦隊）機密第一三一七五五番電」の送信先は、第一根拠地隊、第二六航空戦隊、第一一航空戦隊の各司令官、第九五八航空隊司令、バラレ守備隊長だった。

このとき、「い」号作戦実施のためトラック島からラバウルに飛んで来ていた第三艦隊司令長官の小沢治三郎中将は、山本長官の前線視察は危険であるからと、連合艦隊参謀に取り止めるよういったといわれる。そして「どうしても行かれるなら、第三艦隊の戦闘機を出すから護衛の戦闘機をもっと付けなければ駄目だ」と付け加えた。しかし参謀は、「大事な戦闘機だから六機でいい」というのが長官の意向だと、取り合わなかった。

山本長官の前線視察に危惧を抱いた人たちは他にもいた。ショートランドの第一一航空戦隊司令官城島高次少将もその一人だった。城島少将はラバウルからの暗号通信を手にするや、その長文に驚いた。

「電文が長すぎる。それに最前線で主将の行動を詳細に無線電報で知らせるなんて不適当だ」

城島少将は部下の幕僚に不満を漏らした。もしかして、この暗号電が敵に解読でもされたらどうなるか……。城島少将はじっとしていられなかった。

城島少将は急遽、ラバウルに飛んだ。四月十七日である。電文を読んですぐにも飛びたかったが、四月十五日付で水上機隊の第一一航空戦隊は解隊され、第九三八航空隊に編成替えが行われたことなどもあって、この日になってしまったのである。原勝洋氏の「山本五十六の戦死」（『山本五十六のすべて』所載）によれば、連合艦隊司令部に出頭した城島少将は、山本長官にいった。

出撃機に帽子を振って見送るラバウル基地に進出した山本五十六長官。

「急いで帰ってまいりました」

「お前のところへ行こうと思っていたのに帰ってきたのか」

「長官が最前線にお出かけになれば一同大変喜ぶと思います。しかし私は行かないほうがよいと思います」

城島少将はそういい、続けて宇垣参謀長に向かってきつい調子で吐いた。

「主将の行動を、第一線に於いて詳細な無線電報で打電する者があるものか」

宇垣は素っ気なく応えた。

「暗号を解読しておるものか」

「敵が暗号を解読しておらぬと誰が証明できるか。長官、行かれない方がよいと思います」

すると山本はいった。

「お前はそういうけれど、一度行くといったからには行かないわけにはいかないよ」

のちに城島少将は本土防衛の航空隊司令官に転じたが、知り合いの将校に「馬鹿ほど長い電報を打つんだよ」と吐き捨てたという。

山本長官の前線視察には、同地にあった陸軍の第八方面軍司令官の今村均中将も、自分の体験を元に中止をすすめたが、聞き入れられなかったといわれる。

こうして山本長官の前線視察は、周囲のすべての危惧を退けて、なかば強引な形で決行されることになった。期日は予定通り四月十八日早朝出発となった。

すでに「い」号作戦は「大戦果」をおさめて前々日の十六日に「今次作戦の目的は十分に達せられた」として終結命令が出され、軍令部総長にも戦闘概報が打電されていた。連合艦隊司令部がまとめた集計では、戦果は次のようになった。艦船の撃沈は巡洋艦一、駆逐艦二、輸送船一五隻の合計一八隻、大小破が輸送船八隻、そして飛行機は不確実機を含めれば一三四機を撃墜、あるいは撃破したという。

事実であれば「い」号作戦は大成功である。飛行機だけをとってみても、当時米軍を中心とした連合軍がソロモン・ニューギニア方面に進出させていた戦力の三分の一を葬り去ったことになる。だが、戦後明らかになった連合軍（米豪軍）の損害は、撃沈されたのは駆逐艦、海防艦、タンカー、輸送船が各一隻で、輸送船一隻擱座、撃墜・撃破された飛行機二五機という「僅少な損害」だった。飛行機ではむしろ日本側の方が損害は多い。零戦一八機、艦爆一六機、一式陸攻九機、合計四三機にのぼる。

日本側の戦果報告は明らかに誇大だった。それには、攻撃する搭乗員たちが敵の艦船が煙を上げれば「撃沈」「大破」と報告し、それも同一艦船を別の搭乗員がまた「撃沈」「大破」と報告するという確認ミスが重なっていた。戦果はネズミ算式にふくれ上がる。加えて指揮官や幕僚たちもなんらのチェックもせず、次々と足し算を繰り返して「大戦果」を作り上げていたのだ。そして山本長官もその誇大戦果を素直に信じ、前線視察をしてからトラック島に引き揚げることにしたのだった。

## 孔雀を撃ち落とせ！　ヤマモト・ミッションのスタート

レイトン中佐はニミッツの前任者だったキンメル大将のときから太平洋艦隊司令部の情報参謀を務めてきた男で、ニミッツ司令部に残った唯一といってもいい将校の一人だった。彼は一九二九年にロシュフォートとともに海軍省から日本に派遣され、日本と日本人の〝研究〟をしてきた日本通である。ニミッツ大将がレイトンを新司令部に残した理由も、そこにあった。

ニミッツはレイトンに命じていた。

「君は永野（修身＝軍令部総長）や山本など、日本海軍の指揮官になったつもりで物事を考え、日本海軍の戦略・戦術を読み、たえず私に情報を提供してくれたまえ」と。

長官から山本搭乗機を撃墜すべきかどうかを問われたレイトンは、次のように答えた。

「彼は日本において特異な存在になっています。天皇を別にすれば、国民の士気にとって、彼ほど重要な人物は一人もいないと思います。また、彼が撃ち落とされれば、海軍の士気はがた落ちになるでしょう。日本人の心理をご存知でしょう。国民全体をぼう然とさせることになるはずです」

それは分かっているが、ニミッツがひとつ心配しているのは、山本の後にもっと優秀な司令長官が出てきはしまいかということだった。レイトンは日本海軍の指揮官の名前を一人一人挙げ、その長短を分析していった。そして「誰と比べて見ましても、山本は一頭地抜きん出ています」と言ったあと、こう結論づけたという。

「長官が撃墜されるのと同じです。他に代わりうる人物はいません」

ニミッツは微笑を浮かべて言った。

「ハルゼーの管轄地域でのことだ。方法があるとすれば、彼が見つけるだろう。よし、やってみよう」

ニミッツを決断させた理由の一つは、山本がきわめて時間に正確な男で、今度も予定を寸分たがわず守るだろうということだった。

ニミッツは卓上のメモ用紙を取ると、南太平洋地域司令官ウイリアム〈ビル〉・F・ハルゼー大将（第三艦隊司令長官兼務）への命令書を認めた。ニミッツは山本の前線視察日程と、「貴隊に山本とその幕僚を葬り去る能力があるならば、計画作成の権限を授与する」と書き込んだ。そして暗号解読の事実を隠すために、「情報はラバウル周辺のオーストラリア人沿岸監視員から得たことにしてはどうか」と書き加えた。

ニミッツはハルゼーへの指示と同時に、ワシントンのフランク・ノックス海軍長官にも最重要事項として報告し、指示を求めた。十四日午後、ハワイからの電文を手にしたノックス長官は、陸軍航空隊総司令官のヘンリー・アーノルド中将に意見を求めたうえで、ルーズベルト大統領と会談した。結果は「GO!」である。

一方、ヌーメア（ニューカレドニア）の艦隊司令部でニミッツ長官からの命令書を手にしたハルゼーは、ただちにガダルカナルにいるソロモン地区航空部隊司令官マーク・A・ミッチャー海軍少将に打電、作戦の可否を検討させた。なにしろ〝狩猟日〟までは四日間しかない。ことは急を要する。そして折り返しミッチャー少将から「作戦は可能」の返電を受けたハルゼーは、ミッチャーの回答をそのまま真珠湾に送った。

ニミッツもただちに打ち返した。

「幸運と良き狩猟を祈る」

ニミッツの命令は、ハルゼーからガダルカナルのミッチャーに伝えられた。

「孔雀は時間通りに行動するものと思われる。尻尾（しっぽ）を団扇（うちわ）で煽（あお）られたし」

もしこの〝狩猟〟が成功すれば、ハルゼーにとってもミッチャーにとっても記念すべき日になる。二人は一年前の四月十八日、ドゥーリットル中佐率いる一六機のB25によって初の日本本土空襲を成功させたコンビだからである。そのときハルゼーは第一六機動部隊の総指揮官であり、ミッチャーはＢ25を発艦させた空母「ホーネット」の艦長だった。そして今度の作戦は、初めて東京に爆弾を落としたときよりも、成功の暁には日本国民に与える影響は計り知れないものがある。なにしろ相手は国民のアイドルであり、日本艦隊の最高指揮官である。

当時、ガダルカナルのヘンダーソン飛行場には陸軍、海軍、海兵隊所属の航空隊が同居しており、機種もさまざまだった。それを海軍のマーク・ミッチャー少将が統括していた。ミッチャーはそれらの機種の中から、作戦に使う飛行機を双発・双胴の陸軍機ロッキードＰ38ライトニング戦闘機に決めた。

ガダルカナルからブーゲンビル島までは直線距離にして約五一〇キロ近くあり、この遠方地区で空戦をして引き返せる可能性のある戦闘機はＰ38以外にない。双発のＰ38は二、〇〇〇馬力級の強力なエンジンと、六五〇キロという最高速度を誇っており、急降下性能は時速九〇〇キロにも達する。さらに機首には二〇ミリ機銃一、一二・七ミリ機銃四を装備しており、攻撃力は日本の零戦やベティー（米軍の「一式陸攻」に対する呼称）よりはるかに勝れている。このＰ38を

ウイリアム・Ｆ・ハルゼー大将。

マーク・Ａ・ミッチャー少将。

率いる〝狩猟隊長〟に、ミッチャーは真珠湾のニミッツ長官が直接名を挙げた陸軍第三三九戦闘機大隊のジョン・W・ミッチェル陸軍少佐を指名した。

## 作戦を明かされた日米の搭乗員たち

四月十七日の夕方、ラバウル東飛行場（ラクナイ飛行場）の搭乗員待機所にいた森崎武中尉ら六名の操縦手が司令室に呼ばれた。そして、緊張した面持ちの六名に第二〇四空司令杉本丑衛大佐は意外な作戦命令を伝えた。二〇四空戦史刊行会編『ラバウル・第二〇四海軍航空隊戦記』は、その時の雰囲気をこう記している。

〈いつもとちがう司令の雰囲気に柳谷（編集部注：謙治＝飛行兵長）は、何か重大任務かなと思ったが、杉本司令の口を衝いて出た言葉はかれの予想もしないことだった。

「明十八日、連合艦隊司令長官ほか幕僚一行が、前線視察と士気鼓舞のため、一式陸攻二機でブインに向け出発される。わが隊は、その直掩を命ぜられた。出発時刻は明朝〇六〇〇」

と命令を伝えた司令はさらに語を継いで言った。

「わが隊に直掩命令が来たとき、二十機を直掩につけることを進言したが、山本長官はたいせつな飛行機をたかが護衛のために、そんなに飛ばせる必要はない、と退けられた。そこで長官のお言葉にしたがって、直掩機は六機にとどめることにした。

しかし、いやしくも掩護するのは連合艦隊司令長官である。万一をおもんばかって、本来ならば二十機どころか数十機もの大編隊で掩護すべき場合である。だから選ばれた六名の責務はきわめて重い。諸子は、自重してよくその任務を遂行せよ」〉

選ばれた六人の搭乗員は、指揮官・森崎武中尉、日高義巳上等飛行兵曹、辻野上豊光一等飛行兵曹、岡崎靖二等飛行兵曹、杉田庄一飛行兵長、柳谷謙治飛行兵長である。

ショートランドとバラレは、ブーゲンビル島南端のブイン基地とは目と鼻の先にある小さな島で、搭乗員たちにとっては何度も出撃して通い馴れたコースである。加えて制空権は日本が握っており、搭乗員たちは「ブイン街道」と称して安心しきった空の道だった。宇垣参謀長が乗った一式陸攻二番機の主操縦士だった林浩二等飛行兵曹は、のちに「ブインなんて、丸腰の輸送機でも単機で行ってなんともないところだ。敵が来るなんて全く思っていなかった」と語っているくらいの場所と思っていたのである。

こうした安心感、油断は搭乗員だけではなく、連合艦隊司令部にもただよっていたのだ。

ちょうどその頃、ガダルカナルのヘンダーソン飛行場の一角にある海兵隊司令部壕でも、作戦が検討されていた。

この日四月十七日の午後、ミッチャー少将はハルゼーとは別に、ワシントンのノックス海軍長官からも直接命令電報を受けとっていた。

「ソロモン方面部隊は、たとえ全滅するとも、山本機を捕捉撃墜せよ。諜報によれば、山本は時間にきわめて厳格なりという。大統領はこの作戦に重大な関心を寄せられている。結果はただち

海軍長官　フランク・ノックス」

にワシントンに報告せよ。

ミッチャー少将は粗末な海兵隊司令部壕にハリス陸軍少将以下、陸軍、海軍、海兵隊のお歴々を呼び集め、ノックス海軍長官からの命令書を読み上げ、語を継いだ。

「この鳥は何がなんでも捕まえなければならん。最良の計画を練ってくれ」

ミッチェル少佐とトマス・G・ランフィア大尉が司令部壕に呼ばれた。一人の作戦将校が青い電報用紙を二人に渡す。青い用紙は最高機密用のもので、そこには敵将山本五十六の詳細な巡視日程と時刻が書かれていた。

「で、少佐、君が狩人の隊長というわけだ」

ミッチャーはそういうと、席を外した。

作戦会議は、山本長官がバラレからショートランドに駆潜艇で渡るところを機銃掃射でやっつけたらという案と、空中で捕らえて撃墜するという案が対立したまま結論が出ない。実行責任者のミッチェル少佐は撃墜案だった。

ミッチェル少佐の主張はこうだった。われわれは敵艦船の識別訓練は充分受けていないし、第一どの艦に山本が乗っているか分からないではないか。仮に運よく山本の艦を攻撃できたとしても、彼は海に飛び込んで脱出することだって考えられる。確実に戦果を得るのは、山本の搭乗機を空中で捕らえて撃ち落とすことだというものだった。

結論は、ミッチャー少将の裁定で撃墜案に決まった。しかし、ミッチェル少佐の撃墜案はあくまでも山本が諜報通りの行動をとり、攻撃側が寸分違わぬ時間に撃墜予定地点に到達できた上で、初めて可能性が生まれてくるという奇跡に近い作戦でもあった。

ミッチェルたち攻撃隊は山本長官の行動予定を秒刻みで分析し、山本のバラレ着は午前七時四五分と推定した。米軍時刻では午前九時四五分である。当然、バラレの手前のブイン（米軍は「カヒリ」と呼んだ）基地からは増援の零戦が飛び立つだろうから、その前に作戦を決行しなければならない。そこで会合地点、すなわち迎撃地点はブインの手前のブーゲンビル島上空、時刻は午前七時三五分ということになった。

## 運命の日曜日のランデブー飛行

昭和十八年四月十八日朝、日曜日のソロモン地方は快晴であった。前線視察の出発は午前六時（日本時間）である。山本長官に同行する参謀長の宇垣纒少将は、五時三〇分ころ朝食をとり、カーキ色の第三種軍装を着込んで宿舎の玄関に出た。

宇垣の日記『戦藻録』は描いている。

「〇五五〇（五時五十分）宿舎玄関を出づ。長官の第三種軍装姿初めて見る。相当に似合ふも見慣れざる為か平素より異る。我に至りては尚更然らんも自分はよき積りなり。〇六東飛行場に達す。其の時指揮所の方向より同行の両航空参謀連出て来る。中に白服二名あり。オヤと思ひしに軍医長と主計長にして長官も変に思はれたるが今更如何とも為し難し……」

山本と宇垣が変に思ったのは、軍医長と主計長はこの日の視察メンバーには入っていなかったからである。そのため二人は、「前線視察は第三種軍装」という決定を知らなかったか、あるいはトラック島から持参してきていなかったかであったろう。

飛行場には、高台のブナカナウ飛行場から飛んできた第二六航空戦隊第七〇五航空隊所属の一式陸攻二機が、エンジンを吹かせて待っていた。自動車を降りた山本長官たちは、そのまま陸攻に向かって機内に入った。

搭乗者と搭乗員は次の通りであった。

一番機　一一名（全員戦死）
連合艦隊司令長官　山本五十六大将
　　　　副官　福崎　昇中佐
連合艦隊軍医長　高田六郎少将
航空甲参謀　樋端久利雄中佐（以上搭乗者）
機長・主操　小谷　立飛行兵曹長
　副操　大崎明春飛行兵長
　偵察（主）　田中　実上等飛行兵曹
電信（主）　畑　信雄一等飛行兵曹

電信（副）　上野光雄飛行兵長
攻撃　　　小林春政二等飛行兵曹
搭整　　　山田春雄上等整備兵曹
（以上乗員）

二番機　一二名（三名生還、九名戦死）
連合艦隊参謀長　宇垣　纒少将
連合艦隊主計長　北村元治少将
通信参謀　今中　薫中佐
航空乙参謀　室井捨治中佐
気象長　友野林治中佐（以上搭乗者）
機長・偵察（主）　谷村博明一等飛行兵曹
主操　林　浩二等飛行兵曹
副操　藤本文勝飛行兵長
電信（主）　伊藤助一二等飛行兵曹
電信（副）　八記　勇二等飛行兵曹
攻撃（副）　野見山金蔵飛行兵長
搭整　栗山信三二等整備兵曹

（以上乗員）

直掩の六機の零戦は、山本長官たちの到着と同時に次々と舞い上がり、すでに上空で待機している。やがて二機の陸攻も後を追うように離陸した。

一方、ガダルカナルのヘンダーソン飛行場では、日本側より三五分早い午前五時二五分に一七機のＰ38が離陸を開始していた。

ミッチェル少佐の当初の計画では、攻撃隊は一八機編成で、ランフィア大尉、バーバー中尉、マックナーン中尉、ムーア中尉の四機が山本長官機を狙う「アタック・フライト」で、ミッチェル少佐をはじめとする残る一四機は上空から掩護する「カバー・フライト」に回ることになっていた。ところがアタック・フライトのマックナーン中尉機が離陸中にタイヤがパンクして脱落し、ムーア中尉機は離陸後、補助タンク（増槽）への切り替えが作動しないために引き返したため、攻撃隊は一六機になっていた。ミッチェル少佐は急遽、手信号で掩護隊の中からホームズ、ハイン両中尉にアタック・フライトに加わるよう指示した。

ミッチェル少佐は、昨夜二人の情報将校と遅くまでかかって作り上げた、ブーゲンビル島までの飛行計画にしたがって攻撃隊を誘導していった。編隊は日本のレーダー監視や見張り所からの発見を避けるために、約一五メートルから三〇メートルという低空で海上を進み、途中三回の変針をする大迂回コースをとって進んだ。

対する山本長官と宇垣参謀長の乗る二機の一式陸攻と六機の零戦は高空を東進していた。多少の雲は散在しているが、視界は良好、絶好のフライト日和だった。搭乗員の中には通い馴れた〝ブイン街道〟の飛行のためか、思わず眠気をさす者もいたという。

宇垣参謀長も安心しきって窓外に目をやっていた。

「天気晴朗、視界良好の上々飛行日和なり。左右後上方に戦闘機三機宛警戒掩護するもの時々眼に入る。我高度は千五百程度と記憶するなり。二番機は一番機の左斜後、編隊見事にして翼端相触るるなきやを時々危む位にして、一番機の指揮官席に在る長官の横姿も、中を移動する人の姿もありありと認めらる。航空用図につき地物の説明を聴き乍ら気持よき飛行を味ふ」(『戦藻録』)

## 完璧だった米軍の「ヤマモト・ミッション」

ミッチェル隊も順調な飛行を続けていた。しかし、日本側のようにのんびり地上の景色を眺める余裕はない。全員が目を皿のようにして、黒い粒々が現れるのを今か今かと待ちながら操縦桿(そうじゅうかん)を握っていた。時間にして二時間、すでに約四五〇マイル(約七二〇キロ)を飛んできた。計算ではあと二、三マイルでランデブー地点に到達する。

海岸線が見えてきた。ミッチェル少佐は時計に目をやった。九時二五分。もうすぐだ、と思ったとき、

「敵機発見、一一時方向上空!」

掩護隊のダグラス・S・キャニング中尉の声が無線機から叫んだ。少佐は北々西に視線を投げ

強力な武装と長大な航続距離でヤマモトミッション機に選ばれた、双発双胴の米陸軍のＰ38戦闘機。

た。まぎれもなく敵のベティ（一式陸攻）が二機いる。その上方には零戦が三機、やや後ろ上方にも三機の零戦が張り付いている。奇跡は起こったのだ。ミッチェル少佐は全機に補助タンクの切り離しを命じると、ランフィア大尉に攻撃開始を命じた。

ここでまたハプニングが起きた。ベスビー・Ｆ・ホームズ中尉機の補助タンクが落ちない。そこでホームズはいったん攻撃隊から離れるため機首を回した。僚機のハイン中尉も護衛のかたちで編隊を離れる。攻撃隊はまたもやランフィアとバーバーの二機になってしまった。

ミッチェル隊は急上昇して、攻撃隊の空戦を見下ろす態勢に入り、ランフィアとバーバーも敵機に接近しながら急上昇、時速約四五〇キロで急旋回した。

一式陸攻内はどうしていたか。『戦藻録』と『第二〇四海軍航空隊戦記』を参考に再現して見る。

二番機内では七時三〇分に「〇七四五バラレ着予

定」という紙片が機長から手渡しで回された。あと一五分かと、宇垣は時計を見た。陸攻はすでに着陸態勢に入っている。異変はこの直後に起きた。陸攻一番機が突然エンジンの回転を上げ、急降下してジャングル目がけて突っ込み始めたのだ。二番機も倣ってグングン高度を下げた。

同時に直掩零戦隊の森崎中尉機が一挙に増速して長官機目がけて降下を始めた。日高上飛曹機も長官機の前方に向かって突進している。柳谷飛兵長が敵襲に気付いたのはこのときだった。

「敵のP38だ！」

柳谷飛兵長はとっさに長官機を見た。森崎中尉機が長官機の前方に回り、しきりにバンクしている。主翼を左右に振って敵襲を知らせているのだ。

「機がジャングルすれすれに高度を下げたる時、既に敵機と我護衛戦闘機との空中戦は展開せられ、数に於いて四倍の敵は容赦なく大物たる中攻機に迫る。之に対して機は急速九十度以上の大回避を行ふ。機長は上空を凝視し、敵機の突っ込まんとするをみるや、主操縦者の肩を敲きて左右を指示せり。一番機は右に、二番機は左に分離し、其の距離を増せり。二回ほど回避の後、一番機や如何と右側を眺むるに何たる事ぞ、約四千米の距離にジャングルすれすれに黒煙と火を吐きたる一番機が、速力も落ちて南下しつつあらんとは、しまった！……」（『戦藻録』）

この間わずかに二〇秒たらず、宇垣は一瞬長官機を見失うが、やがてジャングルから吹き上げる黒煙を目にして、「噫万事休す！」と絶句する。

日本機が敵襲に気付いたのは、ランフィアとバーバーが一マイルの距離に陸攻を捉えたときだった。二機の陸攻は機首をぐっと下げ、一機は海岸目指して脱出をはかっている。そのとき三機の零戦が、一連の糸のようにランフィア機に向かって急降下してきた。ランフィアは陸攻への接近は不可能と判断、零戦への攻撃に転じるため急旋回して上昇に移った。そして高度六、〇〇〇フィートに達したとき、反転急降下、ジャングルをかすめて逃げまどう陸攻を追った。

バーバーはランフィアが急旋回して上昇したとき、陸攻にできるだけ接近するために右に旋回、陸攻一番機の真後ろに付いた。あまりに近付き過ぎたために、もう一機の姿を見失ってしまった。陸攻はグングン降下している。バーバーは六時の方向から胴体と二つのエンジンを目がけて機銃のボタンを押し続けた。六時の方向とは真後ろである。陸攻が煙りと炎を吐く。そして突然、日本の陸攻は右翼を真上にして横転したまままさらに降下を続けていった。バーバーは陸攻との衝突を避けようと右に急旋回した。振り向くとジャングルから黒煙が立ち上ぼっていた。

そのころ、補助タンクの落下に成功したホームズ中尉は、僚機のハインとともにバーバーを追っている零戦に向かい、敵味方入り乱れての空中戦になった。そして戦列を離れてモイラ岬（ブーゲンビル島の南端）付近の海上を飛んでいる別の陸攻を発見するや、ただちに急行して左のエンジンに機銃を浴びせた。バーバー中尉とハイン中尉も駆けつけ、攻撃に加わる。陸攻のエンジンは火を吹き、胴体が吹っ飛び、陸攻は海中に墜落していった。

戦いはわずか二分たらずの間に終わった。P38の鮮やかな勝利であった。二機の陸攻を葬り去ったP38は、以後の零戦には目もくれず、ガダルカナルを目指してひたすらに飛んだ。柳谷飛兵

ブーゲンビル島のジャングルに撃墜された山本五十六大将搭乗の一式陸攻の残骸（山本元帥景仰会撮影）。

長は、のちに『第二〇四海軍航空隊戦記』で回想している。

「皮肉にも直掩機六機は無事だった。それをたしかめるとわたしはおめおめと帰ることに、あるうしろめたさを感じた。そのとき、森崎中尉機は、煙を吐く長官機に近づいて行った。掩護の不備を詫びるつもりであったろうか。わたしもまた、長官機に近づいて行った。輸送機の窓から山本長官の姿が見える。

長官は、草色の第三種軍装を着て副操縦席に端座している。純白の手袋をまとった手に軍刀をしっかりと握り、泰然自若たる風で瞑目しているようだ。日ごろ『常在戦場』をとなえておられた山本長官の、これはまことに武人らしき死の直前の一瞬か……」

「そのとき、それまで盛んに黒煙を吐いていた長官機は、グワッと大きな真紅の焔に包まれた。

焔は機体にまつわりつくように急速にひろがり、もう最後だ、とわたしは思った。グラッと傾き、平衡を失った機体は、たちまち錐もみ状態となって深いジャングルの中に墜落してしまった。ブイン基地より数マイル北の地点であった」

「ヤマモト・ミッション」と名付けられた米軍のこの作戦で、陸攻搭乗者と搭乗員で生還できたのは三名だけである。宇垣参謀長と北村主計長、そして二番機の主操縦手・林二等飛行兵曹だ。米軍の損害は柳谷飛兵長の攻撃を受けて未帰還となったハイン機だけである。

ガダルカナルのミッチャー少将はヌーメアのハルゼーに報告を送り、ハルゼーは真珠湾のニミッツ長官に転送した。

ハルゼーはガダルカナルに返電した。

「貴官、ミッチェル少佐、およびその部下のパイロットへ『おめでとう』、撃墜したアヒルどもの中には、一羽の孔雀がいたようだね」

# 第3部　日本軍の敗走

# 第十章　海軍乙事件

## フィリピン・ゲリラの捕虜になった連合艦隊参謀長

### 追いつめられる連合艦隊

日本海軍の偶像的存在だった連合艦隊司令長官山本五十六大将が、前線視察の途中で搭乗機が撃墜され、戦死をしたのは昭和十八年（一九四三）四月十八日だった。後任の連合艦隊司令長官には古賀峯一大将が選ばれ、参謀長には軍令部第一部長であった福留繁中将が就任した。古賀大将に乞われての就任であった。福留は開戦直前の昭和十六年四月までは山本五十六大将のもとで連合艦隊参謀長の職にあり、開戦後は軍令部第一部長として、文字通り日本海軍の作戦を遂行してきた「戦略戦術の大家」といわれていた。

当時、連合艦隊は南太平洋における米軍との空海戦で敗北を重ね、満身創痍(まんしんそうい)であった。戦略戦術の大家を参謀長に迎えた古賀新長官は、この壊滅状態の連合艦隊の立て直しをはかりながら反撃作戦を練った。昭和十八年八月十五日に発令した一連の連合艦隊命令（連合艦隊第三段作戦命令、同作戦要領、連合艦隊Z作戦要領、同基本編制、邀撃帯設置要領など）がそれである。

各作戦要領の中のZ作戦は、中部太平洋を東から西へ進攻してくるニミッツ大将率いる米太平洋艦隊に決戦を挑むための、連合艦隊の作戦要領が詳細に定められていた。その別冊である「Z作戦指導腹案」には、使用兵力数から攻撃方法、攻撃目標など作戦構想の全貌がこと細かに記されてある。周囲は「さすがは戦略戦術の大家」だと、実質的な立案者である福留の力量に感嘆した者もあった。

だが、米軍の反攻作戦は日本側の作戦準備をはるかに上回るスピードで進んでいた。米軍は昭和十八年五月にはアリューシャン列島のアッツ島を攻略し、六月からはソロモン、ニューギニア方面でも陸海から日本軍に大攻勢をかけてきた。そして九月三十日には、大本営が御前会議で以後の防衛線をマリアナ→カロリン→西部ニューギニアにいたる、いわゆる「絶対国防圏」を策定せざるえないほど、その追い上げは急ピッチだった。

実戦・実務型の指揮官といわれた古賀長官は、かねてから司令部は麾下（きか）の部隊とともに第一線にあることを信条としていたから、戦況に応じて司令部を移動し、指揮を執れるよう絶対国防圏内に数カ所の連合艦隊作戦司令所の設置を中央に要求していた。フィリピンのダバオもその一つだった。要求は認められたが、具体的な設置準備もできないうちに、米軍は昭和十八年十一月二十一日にはギルバート諸島のタラワ、マキンに上陸し、日本軍守備隊は全滅する。

ギルバートが陥ちた以上、米軍が次の目標に日本が委任統治する国連信託統治領の南洋群島(ミクロネシア)のトラック島やマーシャル諸島など東カロリン群島を選ぶことは間違いない。大本営海軍部は艦隊のトラック待機は危険であるとして、連合艦隊司令部に再三パラオ諸島への〝転進〟を促していた。

年が明けて昭和十九年、戦況はいよいよ逼迫していた。二月一日、米軍は予想どおりマーシャル諸島のルオット、クェゼリンに上陸を開始し、日本軍守備隊は全滅、策定したばかりの絶対国防圏は早くも破綻をきたしていた。

二月七日、古賀長官は連合艦隊主力のトラック撤退を命じ、一部は内地へ、第二艦隊はパラオに移った。太平洋における日本海軍の最大基地トラック島が米機動部隊の空爆にさらされたのはその直後、二月十七日であった。トラック島は壊滅的打撃を受け、基地としての機能を喪失してしまった。

## 防空壕の中で決まった司令部のダバオ移転

パラオに逃れてからくも命拾いをした連合艦隊だったが、そのパラオも三月三十日早朝から米機動部隊の猛烈な空襲にさらされはじめた。この米機動部隊のパラオ接近は、ハワイ放送の傍受や通信諜報によって、連合艦隊司令部は二十七日夜にはキャッチしていた。そして翌二十八日午前九時三〇分には、メレヨン島を飛び立った哨戒機が米空母機動部隊発見を知らせてきた。情報参謀の中島親孝(なかじまちかたか)中佐は、戦況の流れから見て敵機動部隊はパラオの艦船攻撃と補給基地の機能を奪うために来襲するに違いないものと判断した。

このとき連合艦隊旗艦「武蔵」はパラオに入泊中であった。二月二十四日に武器弾薬を満載して横須賀を出港、二十九日のこの日入港したばかりだった。連合艦隊司令部は急遽陸上に移転し、将旗をパラオ諸島の中心地コロール島の南洋庁長官邸に掲げた。スタッフは一斉に防空壕掘りを開始し、「武蔵」と駆逐隊はパラオ北西海上に退避した。

翌三月三十日、パラオは予想通り早朝からコロール島を中心に米艦載機の銃爆撃にさらされた。古賀長官、福留参謀長など主要幕僚は南洋庁長官邸にほど近い海軍第三〇根拠地隊司令部の防空壕に避難した。爆弾は、その防空壕や連合艦隊司令部が移った長官邸の近くにも落下し、コロールの中心街は爆発音ともうもうたる砂ぼこりに包まれた。街のあちこちからは火の手が上がり、港内や沖合の艦艇は直撃弾を受けて次々沈んでいった。

空襲は翌三十一日も続いたが、敵機は午後の二時ごろには姿を消した。中島中佐は空襲の被害状況を報告したあと、

「パラオ諸島への空襲はこれで終わりだろう」

と所見を述べた。

すると福留参謀長が口を開いた。

「司令部は今夜、飛行艇でダバオに移動する」

1944年3月30日、米軍の猛爆撃に見舞われたパラオ諸島の中心コロール島一帯。翌31日、連合艦隊司令部は戦闘指揮所をフィリピンのダバオに移すため飛び立ち、遭難する。

中島中佐は、ダバオの通信施設の現状はパラオよりはるかに悪いことなどを説明して、移動に反対した。しかし参謀長は聞きいれず、すでにダバオの司令所に飛行艇三機で迎えに来るよう命令を出したという。

古賀長官と福留参謀長が、空襲下の防空壕の中でどのようにして司令部のダバオ移転を決めたかはわからない。しかし、長官への進言者は間違いなく福留中将だったはずである。それはともあれ、中島中佐など一部参謀の反対を押し切って、連合艦隊司令部はダバオに移ることになった。

古賀長官以下の司令部要員が二機の二式大艇に分乗し、慌ただしくコロール島に隣接するアラカベサン島の飛行艇基地を飛び立ったのは午後九時三五分であった。

便乗の司令部要員は次の通りだった。

○一番機（八五一空・機長難波正忠大尉）
古賀峯一大将　（司令長官）
柳沢蔵之助大佐　（首席参謀）
上野権太大佐　（艦隊機関長）
内藤　雄中佐　（航空甲参謀）
大槻俊一中佐　（航海参謀）
山口　肇中佐　（副　官）
柿原　饒軍医少佐
神宮　等大尉　（暗号長）
○二番機（八〇二空・機長岡村松太郎中尉）
福留　繁中将　（参謀長）
大久保信軍医大佐　（艦隊軍医長）
宮本正光主計大佐　（艦隊主計長）
山本祐二中佐　（作戦参謀）
奥本善行大佐　（機関参謀）
小池伊逸中佐　（水雷参謀）
小牧一郎少佐　（航空乙参謀）

島村信政中佐　（航空参謀・気象）

山形　中尉　（掌通信長）

その他二名。

当時、パラオとダバオ間には低気圧があって、荒れ模様の天候であった。一番機と二番機は離水と同時にお互いの位置を見失い、単独飛行の形になった。

福留参謀長の乗る二番機は、パラオ離水後一時間ほどしたころ、前方に黒い雲層を発見したが時すでに遅く、二式大艇はまともに密雲に突っ込んでしまった。大艇はたちまち稲妻と雷雨にたたきつけられ、上下左右、木の葉のように弄ばれはじめた。機長の岡村中尉は雷雲を避けようと高度を上げながら、必死に北へ北へと機を迂回させた。そしてどうにか暴風雨圏の脱出に成功した。

時刻は四月一日の午前零時三〇分を越していた。天測の結果、機は予定のコースを大きく外れ、ダバオの北一六〇浬のカミギン島上空にいることがわかった。針路をどこへ取るか……。暴風雨の中のジグザグ飛行で予想以上に燃料を消費し、機はあと三、四〇分しか飛行できない。計算では目的地のダバオまでは約一時間余、マニラまでは二時間近くかかり、とても無理である。

主偵察員の吉津正利一飛曹の回想によれば、福留中将と小牧少佐の意見で、一番近いセブ島に向かうことになったという。セブには日本の海軍基地もあり、治安も安定している。

「約四十分程飛行した頃、前方におびただしい灯りが見えた。間違いなくセブ市だ、電灯があるのはこの付近ではセブ市以外にない、と言われて岡村中尉もその指示に従った。ここではじめて地理不案内が現実になってきた。この灯りは、セブ南方二二キロ地点の小野田セメント製造ナガ工場のものだったのだ。

上空を二、三回旋回し、着水照明筐を落とし、いよいよ夜間着水の態勢に入った。しかしその照明筐は消えてしまって役に立たず、月も西へ落ちまっ暗である。高度計が一〇〇、八〇、七〇、と下がり、やがて高度五〇メートルを指す瞬間、岡村中尉が操縦桿を引き起こしにかかったが、前面に黒い塊りのように海面が立ち上がり、機は海中に突入した」（「海軍乙事件」捕われの日々＝『歴史と人物』六一年春号）。

時刻は四月一日午前二時五〇分ころだった。このとき二番機には司令部要員の他一〇名の搭乗員が乗っていた。

## 衝撃の無電「司令部一行消息不明」

パラオに残った情報参謀の中島中佐たちは、受信器の波長を八五一空と八〇二空の使用電波に合わせ、じりじりしながら連絡を待っていた。順調に飛行ができていれば、一、二番機のダバオ到着は四月一日午前三時過ぎである。だが、明け方になっても両機からの連絡は入らない。

一方、ダバオからの到着が遅れ、四月一日午前四時五六分にアラカベサンを離水した司令部暗号員便乗の三番機（機長・安藤敏包中尉）は、午前七時四〇分に無事ダバオに着水した。ところが先着しているはずの長官と参謀長の乗った一、二番機はまだ着いていない。ここで両機とも何らかの事故に巻き込まれたことが確実となった。

ダバオの第三二特別根拠地隊（司令官・代谷清志中将）からパラオに無電が飛ぶ。

「司令部一行消息不明」

中島中佐はただちに軍令部と連合艦隊の次席指揮官である南西方面艦隊司令長官高須四郎中将に宛てて「司令部一行消息不明」を打電した。同時にダバオから報告を受けたマニラの第三南遣艦隊司令部（司令長官・岡新中将）では、ただちに飛行機と艦船を大動員して空海からの大捜索を開始した。しかし手掛かりは得られない。

そのころ、セブ島ナガ町沖の海面に激突した二番機は機体を三つに折って炎上し、搭乗員と同乗者は海面に投げ出されていた。お互い声をかけ合い、泳いでいる者たちは一カ所に集まった。司令部員は福留中将、山本中佐、山形中尉の三名で、搭乗員は岡村機長以下全員の計一三名だった。

全員は一団になって岸を目指して泳ぎつづけた。福留中将と山形中尉、田口二飛曹の三名は墜落時に負傷し、なかでも田口二飛曹は重傷で、やがて絶命する。針ケ谷二飛曹は「何か浮くものを探してくる」といって泳ぎ去ったまま帰らなかった。

どのくらい泳いだろうか、谷川整備兵長と下地上飛が「助けを呼びにいってくる」と、岡村中尉の制止をふりきって陸地に向かった。これも後に判るのだが、無事に陸地に泳ぎつき、ナガの小野田セメント工場に救助を求めたのは谷川整備兵長だけで、下地上飛の姿はなかった。

夜はすっかり明け、強烈な陽光がジリジリと照りつけてきた。潮流も激しくなり、残る九名の集団は次第に散り散りになりはじめていた。泳ぎはじめてから六時間が経っており、もう体力も気力も限界を超えており、誰もが溺死寸前にあった。

一〇隻近いバンカ（漁業用のカヌー）が近寄ってきたのはこの時であった。バンカには上半身裸の男たちが二人ずつ乗っており、それぞれ司令部員と搭乗員たちの傍らに漕ぎ寄って救出を始めたのだった。バンカの男たちは現地の漁民に見えたし、セブ島は日本の占領下にあったから、日本兵たちは〈これで助かる〉と、何の疑いも持たずに舟べりに手を掛けた。一緒に泳いでいた福留参謀長と山本作戦参謀も、防水書類ケースを手に舟に這い上がった。書類ケースの中には、今後の連合艦隊の作戦を詳細に記したZ作戦計画書と暗号書関係の機密図書が入っている。

連合艦隊司令長官古賀峯一大将。

連合艦隊参謀長福留繁中将。

ところが、九人の日本兵を救い上げたバンカは、一隻は北に、もう一隻は南にとバラバラに陸地を目指して櫓を漕ぎはじめた。やがて海岸まで四、五〇メートルに近づくと、男たちはバンカを止めて急に立ち上がった。そして何事かをわめきながら蛮刀を振りかざしてきた。振り向くと一人の男はロープを手にしている。海岸に目を凝らすと、四、五〇名の人だかりが見え、自動小銃らしい小火器を肩にした男の姿も見える。

ここで福留中将と山本中佐は、はじめてバンカの男たちが単なる漁民ではなく、日本軍が米匪軍と呼んでいるゲリラであることを悟った。二人は急いで書類ケースを海に投げ捨てた。アメリカのノンフィクション作家ジョン・トーランドの『大日本帝国の興亡』(毎日新聞社訳、早川書房)によれば、「漁夫の一人がゆっくりと沈んで行く手さげ鞄をチラッと見た。そして沈んでしまう前にそれを拾い上げた」という。

## ゲリラの捕虜になった連合艦隊参謀長

福留中将たち九名は手を縛られ、それぞれバラバラにジャングル内を歩かされ、その日の夕方、セブ島のバルドに連れていかれてゲリラ隊に引き渡された。そこは大きな木立ちが林立する斜面の中腹で、一坪ほどの丸太小屋があった。日本兵たちはその小屋の中で逃亡の有無を実験されたり、簡単な尋問を受けた。吉津一飛曹の回想によれば、尋問をした男は巧みな日本語で話しかけてきたという。男はマルセリーノ・エレディアノといい、東京の大学に一年間留学したこともあるゲリラの大尉であった。

エレディアノは捕虜たちと接触しているうちに、でっぷりと太った一番年配の男(福留参謀長)

が、他の捕虜たちから明らかに特別扱いされているのに気付いた。捕虜たちは、「自分たちは通例の現地視察に来た下っぱ幕僚だ」と答えているが、エレディアノ大尉は福留がかなり高級な将軍に違いないと見抜いていた。その証拠に、海中から拾い上げたカバンの中の書類には、日本の機密書類独特の赤のマーク（丸秘）が付けられていて、一目で重要書類であることがわかる。

エレディアノ大尉は、セブ島中央のマンガホン山のトパス高地にいる全セブ地区ゲリラ隊長のジェームズ・M・クッシング中佐のところに伝令を走らせ、ことの経過を報告させた。クッシング中佐はただちに小型の無線機を使って打電した。

「一人の高級将校を含む九人の日本人と、暗号書らしい重要書類の入ったカバンを捕獲した」

クッシングの電文は、隣りのミンダナオ島中部に潜むミンダナオの全ゲリラ隊長である技術将校ウェンデル・ファーティグ大佐の無線局が傍受し、オーストラリアのマッカーサー司令部＝連合軍司令部に中継された。

「ここではその電報が『たいへんな興奮』をひき起こした。そして海軍は作戦中の潜水艦一隻をできるだけ早く任務からはずし、セブ島の直ぐ西の島ネグロス島まで派遣し、その捕虜と書類を引き取らせせようと申し出た」（『大日本帝国の興亡』）

福留中将たちは、セブ市の西方一六キロのトパスの山中にあるクッシング中佐のゲリラ隊本部に向って歩かされた。そして五日目の夜、先発させられていた吉津一飛曹、岡田一整曹とゲリラの隠れ家で合流し、生存者九名が初めて顔をそろえた。福留、山本、山形、岡村、今西、吉津、浦杉、岡田、奥泉の九名である。

連行は翌日も続いた。九名の日本兵は縄で数珠つなぎにされてさらに三日、丘を越え、草原を越えて歩行を強いられた。そして八日目の四月九日、十数戸の家が建ち、洋風の家も見える丘陵地に着いた。無数のアンテナが立っているところから、どうやらゲリラ隊の本拠地らしい。

一行はコンクリートで囲まれた一軒の小屋に押し込まれ、久しぶりに縄を解かれた。やがて夕食が運ばれてきた。ゆで玉子とバナナが主だった今までと違い、米のご飯に豚の丸焼き、ワインに似た飲み物までついている。一同は思わぬご馳走に顔を見合わせ、無言で頷き合った。

誰もがそう思いながら、黙々とご馳走を口に運んだ。

〈いよいよ明日が尋問か処刑の日だ〉

食事を終えると、山本作戦参謀と何事かを話していた福留参謀長が全員に訓示をした。

「明日は尋問があると思う。士官は偽名を使うが、下士官以下の者は本名を名乗っても差し支えない。自分の意思どおりでよい……」

ここで福留中将は、ゲリラに対しては「花園少将」と名乗ることになった。

## 日本軍討伐隊に包囲されたゲリラ本部

一方、「助けを呼んでくる」といって陸地に向かった谷川整備兵長は、四月一日午前五時ごろ、セブ市の南にあるナガ町の小野田セメント工場に泳ぎつき、二番機の遭難を伝えて救助を要請した。工場では二隻の機帆船に捜索を命じるとともに、ずぶ濡れの海軍兵をセブの海軍第三三特別根拠地隊にトラックで送ることにした。

谷川整備兵長の報告を受けたセブの海軍基地は騒然となった。ただちに二機の偵察機が飛び立ち、岸壁からは一二隻の内火艇が海上に疾駆していった。しかし墜落した二式大艇も生存者も発見できない。

このとき小野田セメントの工場には、ゲリラ討伐を展開中の独立混成第三一旅団独立歩兵第一七三大隊（隊長・大西精一中佐）の本部が置かれていた。海軍側は「この事故は海軍の機密事項であるから絶対口外してはならん」と工場側に口止めし、第三南遣艦隊司令部も陸軍側には一言も知らせなかったから、地元の大西大隊は何も知らずにクッシング中佐のゲリラ隊を追っていた。

四月七日、その大西大隊に旅団命令が下った。マンガホン山中のゲリラが大増員中で、武器弾薬も米潜水艦から補給されるはずという。旅団司令部は、現在約一、〇〇〇名と見られる同地区のゲリラを、増員前に殲滅せよというものだった。作戦開始は翌四月八日夜とされた。

現地諜報員の報告では、ゲリラの本部はトパス高地にあるという。大西中佐はセブ島の東西両海岸から兵を進め、四月十日の夜明け近くにはトパス高地の完全包囲に成功していた。すでに第一線では散発的な銃撃戦が始まっており、大西中佐は一斉攻撃のチャンスを狙っていた。

日本軍に包囲されたことを知ったクッシングは蒼ざめた。クッシングはアイルランド人とメキシコ人の混血アメリカ人で、鉱山技師であった。彼にはフィリピン人の妻との間に四歳の男の子がおり、ゲリラ本隊と行動を共にしていた。このままでは日本軍に妻子を殺されてしまうかもしれない。日本軍は我々が捕まえている高級将校と重要文書を取り返しにきているに違いない、クッシングはそう判断した。

彼は無線機のキーをたたいた。

「日本軍から奪取した書類はネグロス島に届けるが、敵の包囲攻撃が迫っており、捕虜を届けることはできるかどうか疑わしい」

折り返しマッカーサー司令部から「敵の捕虜はいかなる犠牲を払っても保持せよ」と返電がきた。しかし、クッシングの気持ちは決まっていた。部下と家族の身を守るために、日本軍と取り引きをしようと決心したのだ。クッシングは二人の伝令に奪取文書をネグロス島に届けさせると、捕虜たちの小屋へ走った。

そのとき福留中将以下の日本兵たちは、小屋の外の銃声音で目を覚ましていた。

吉津一飛曹は書いている。

「そこへクッシング中佐達が緊張した顔付きで入って来た。山本参謀へ向かって、ひどく慌てて英語で喋っている。私達は英語は解らないので傍らで聞いているだけ。そのうちクッシング中佐が日の丸の旗と軍刀を差し出し何か話した。

山本中佐が我々に向って説明された。我々が閉じ込められている本拠地を日本軍が完全包囲した。日本軍の包囲を解いてもらうために誰か軍使となり日本軍陣地へ赴いてもらいたい、とクッ

米軍から支給された武器を点検するフィリピンのゲリラ兵。

シングは言っているという」

軍使には機長の岡村中尉と奥泉一整曹が選ばれたが、岡村中尉は「二人で行くと敵と間違われるから」と、一人で夜の山道を下って行った。

四月十日の午前九時ごろ、完璧に包囲陣を形成したゲリラ討伐隊の大西大隊長は作戦開始を指令しようとしていた。そのときであった、渓谷の第一線に展開している中隊から「日の丸を結んだ旗を振っている男がいる」と報告してきたのだ。

大西中佐は、その男をただちに大隊本部に連行するよう命じた。

男の衣服は破れ、顔は泥でも被ったかのように汚れ切っている。しかし、憔悴しきってはいるが、その目は鋭く光っていた。

「私は海軍中尉岡村松太郎という者です」

男はそう言い、今までのいきさつを大西中佐に話した。そして「一行の中には、敵に偽名で〝花園少将〟と言っているが、実は高官の海軍中将もいます」といい、ポケットから一通の手紙を差し出した。手紙は敵のゲリラ隊長クッシングからで、花園少将（福留中将）以下九名の将校を引き渡すから、討伐を中止されたいという内容だった。

岡村中尉の説明を聞いた大西中佐は、その場で作戦は一時中止し、海軍一行の救出を決断した。だが、勝手に作戦を変更することはできない。大西中佐はセブの独立混成第三一旅団司令部に岡村中尉の話を打電させ、返電を待った。

しかし、返電はなかなか来ない。ことは一刻を争う。大西中佐は独断でクッシングに取り引きに応ずる旨の返書を書き、岡村中尉に渡した。

岡村中尉は日本軍の返書を持ってクッシングの本拠地に帰り、再び「捕虜」の引き渡し場所などを指定したクッシングの返書を持って大西大隊に戻ってきた。

福留中将たちの引渡式は翌四月十一日午前一一時、双方が対峙するほぼ中間点のマンゴー樹の下で行われた。お互い協定を守り、護衛のゲリラたちは引き取りにきた大西大隊員の差し出す煙草をうまそうに吸い、笑顔を見せながら戻っていった。

## 連合軍の手に落ちた連合艦隊の㊙文書「Z計画」

福留中将たちは四月十二日に、海軍第三一警備隊セブ派遣隊に引き取られた。参謀長一行救出の報は第三南遣艦隊司令部、そして中央の軍令部へと打電された。第三南遣艦隊司令部は、参謀長一行救出の報に安堵したものの、機密図書の行方が心配だった。そこで艦隊参謀の山本繁一少佐を急派して、その行方を質すことにした。

ところが翌日、セブ水交社で一行を出迎えた山本繁一少佐に、福留中将は「機密図書は漁民の手に渡ったが、彼らは関心を持たなかったようだ」と語ったという。

福留中将と山本作戦参謀、山形中尉の三名は、ただちに飛行機で内地に呼ばれ、四月十七日、海軍大臣官邸で事情聴取を受けた。

事情聴取をしたのは海軍次官の沢本頼雄中将を議長とする糾明委員会で、軍務局長・岡敬純（おかたかずみ）中将、人事局長・三戸寿少将、軍令部次長・塚原二四三中将、同じく軍令部次長・伊藤整一中将（次長二人制）、同第一部長・中沢佑（なかざわたすく）少将の六人であった。ところが福留中将と山本中佐は、Z作戦に関する計画書や暗号書の行方に対しては、セブで山本繁一少佐に話した内容を繰り返しただけだった。

六人の委員たちも、なぜか深くは追及せず、議長の沢本中将は福留たちの「機密図書は漁民の手に渡ったが、彼らは関心を持たなかった」という報告をすんなり受け入れてしまった。そして沢本議長は、事件の処理をどうするかを多数決で決定することにした。表決の結果は三対二で、事件は不問に付されることになったのだった。

こうして日本の海軍中央が、以後の戦局を左右し、日本の死命を制するかもしれない機密文書の行方を無神経にも葬り去ったころ、オーストラリアの連合軍司令部では、日系二世も含めた情報部日本語課の五人の翻訳班が、潜水艦で届けられた日本軍の機密書類の翻訳に取り組んでいた。書類は昭和十九年三月八日付の「連合艦隊機密作戦命令第七十三号」であった。

アメリカの戦史家ジョーゼフ・D・ハリントンは、太平洋戦争下の日系二世の活躍を描いた『ヤンキー・サムライ』（妹尾作太男訳）で書いている。機密書類は「来攻するアメリカ艦隊からマリアナ諸島をいかに防衛するか、その作戦計策が詳細に述べられていた。それには、現在の戦況と予想敵兵力ならびに、四月末までに日本海軍の水上部隊と航空部隊をどこに配備するかについて、詳細に述べられていた。古賀提督は、アメリカ軍が四月末以降はいつ進攻してくるかもしれないと考えていた」と。

五人の翻訳班のキャップはシドニー・マシュビア大佐で、部下にはヨシカズ・ヤマダ、キヨシ・ヤマシロという二人の日系二世兵士が加わっていた。この二人が、英訳文の最終点検を行い、マシュビア大佐は自ら手回しの謄写版で二二ページからなるZ作戦計画の英訳文を二〇部印刷した。文書にはNo.1からNo.20までの通し番号が打たれ、このうちのNo.5とNo.6の二部がハワイのニミッツ司令部＝米太平洋軍（ＰＯＡ）司令部に送られた。

そしてジョーゼフ・D・ハリントンは、こう書いている。

「海軍情報部はたっぷり時間をかけて海軍式に翻訳し直したうえで、最終的にニミッツに提出した。ニミッツはマリアナ上陸作戦に参加する各提督に渡すだけのコピーを、直ちに用意させた。（中

略）

このころには、日本軍の司令官たちは、Z作戦計画を彼らのいつもの型式で、別の作戦計画に作りあげていた。これが〝あ号作戦計画〟と呼ばれるもので、古賀提督が考えていた作戦計画の最新版であった。レイモンド・スプルーアンス提督はマリアナ攻略に出動するとき、麾下の空母一五隻に搭載された九五六機に対して、日本軍は空母九隻で四六〇機であることを知っていた。スプルーアンスはまた、日本がどのような陸上機を保有し、それらをどこで、いかに制圧するかもわかっていた」

それにしても、不可抗力なこととはいえ、機密書類を奪われるという自らのミスを覆い隠そうとした当事者と、己の地位の安泰をはかって事故の糾明をないがしろにした海軍中央の将星たちの罪は大きい。日本の連合艦隊はこの機密文書がアメリカの手に渡ったことによってマリアナ沖海戦で大敗し、続くレイテ海戦でも壊滅的打撃を受けてその息の根を止められてしまい、明治の建軍以来の伝統に終止符を打たされてしまった。

古賀大将たちの乗った一番機の消息はその後もつかめなかった。捜索は四月二十二日に打ち切られ、搭乗員全員は「殉職」とされた。事件は、山本五十六大将撃墜の「海軍甲事件」にちなんで、「海軍乙事件」と呼ばれている。

# 第十一章　台湾沖航空戦
## レイテ戦に大軍を投入させた幻の大勝利

### ハルゼーの罠にはまる連合艦隊

昭和十九年（一九四四）十月九日、ウイリアム・F・ハルゼー大将を総指揮官とする米第三艦隊（第五艦隊を改称）の第三八機動部隊（第五八機動部隊を改称）が南鳥島を襲った。艦砲射撃とともに煙幕を張り、吊光弾（ちょうこうだん）を撃ち上げ、大艦隊接近の印象を日本軍に与えた。

翌十日朝、今度は延べ一、三九六機という大群によって沖縄、奄美大島、宮古島などを空襲した。この空襲で那覇市街は大半が破壊され、さらに飛行場に駐機中の軍用機四五機、港湾に停泊中の艦艇二二隻、船舶四隻が破壊されるという大被害に遭った。

ハルゼー部隊の攻撃は続いた。十一日にはフィリピンのルソン島北部アパリ飛行場を襲い、左翼の安全を確保するや、十二日には台湾南部への攻撃に転じた。

この米第三八機動部隊は四つの任務群からなり、正規空母八隻、軽空母八隻、戦艦四隻、重巡五隻、軽巡六隻、駆逐艦五七隻という大陣容だった。これだけの大部隊が沖縄近海からフィリピン、台湾海域に自在に進出しても、当時の日本軍はそれを探知できないほど能力が低下していた。目まぐるしいまでのハルゼー部隊の動きには、実はウラがあった。昭和十九年十月二十日に予定されていたマッカーサー軍のレイテ島上陸作戦のための陽動作戦であったのだ。このレイテ上陸作戦自体、当初は十二月二十日の予定であった。ところが、フィリピン上空で撃墜されて帰還した搭乗員の証言から、ハルゼーはマッカーサー元帥に打電した。

「もはや沈めるべき日本艦船はなく、いまや敵の戦意は幻想的なほど低い」

と、ミンダナオ島などフィリピン南部諸島への上陸作戦を中止して、レイテ島上陸を早めるよう進言したのである。

ハルゼーの幕僚たちは「日本をやっつける卑劣な計画はないものか」と相談しあっていたところから、自分たちを〝卑劣な計画局〟と呼んでいた。その卑劣な計画局が考え出したのがこの陽動作戦、すなわち沖縄や台湾の日本軍航空兵力を誘い出して撃滅するという作戦だったのである。

ハルゼー部隊がルソン島を攻撃した十月十一日、日本の豊田副武(とよだそえむ)連合艦隊司令長官は台湾の台北にいた。豊田はただちに「基地航空部隊捷号(しょうごう)作戦警戒」を発令した。鹿児島の鹿屋基地から偵察機「彩雲」が飛び立った。そして夜になってようやく沖縄東方沖に二群の米機動部隊を発見した。

翌十二日、台湾の日本軍基地は猛烈な空襲に見舞われ、「作戦警戒」は「捷一号、二号作戦発動」に切り替えられた。あとに続くフィリピン戦をふくむ捷号作戦の最初の発動である。南九州からフィリピンにいたる日本軍基地航空部隊全力をあげての、米機動部隊への攻撃が命じられた。ハルゼーが仕組んだ誘い出しにまんまと乗ってしまったのである。

日本の偵察機は沖縄東方沖のほか台湾南東海域にも二群の機動部隊を発見し、米機動部隊の規模が判明した。連合艦隊はこれに全面攻撃を加えるべく、第一、第二航空艦隊に出撃を命じた。いわゆる台湾沖航空戦の開始であった。

## T部隊の相次ぐ「大戦果」に沸き立つ！

当時、南九州、台湾には第二航空艦隊が展開しており、とくに鹿屋基地には第一、第二航空艦隊の精鋭を集めた「T部隊」が待機していた。このT部隊は、台風（TYPHOON）下の出撃にも耐えられる強力部隊ということから命名されていた。折から十月十二日は風速三〇メートルの台風が台湾東方に到来していた。まさにT部隊の腕の見せどころとなった。

鹿屋から夜間雷撃隊「銀河」五三機、沖縄から「天山」二三機、さらに陸軍重爆撃機「飛龍」二二機の計九八機が先陣を切って飛び立った。航空戦の火ぶたが切って落とされたのだ。

迎え撃つ米軍側は最新鋭のグラマン戦闘機約八〇〇機で、台風下での両軍のすさまじい空中戦が開始された。そして日本軍は十五日までの四日間に延べ六四四機を繰り出した。この台湾沖航

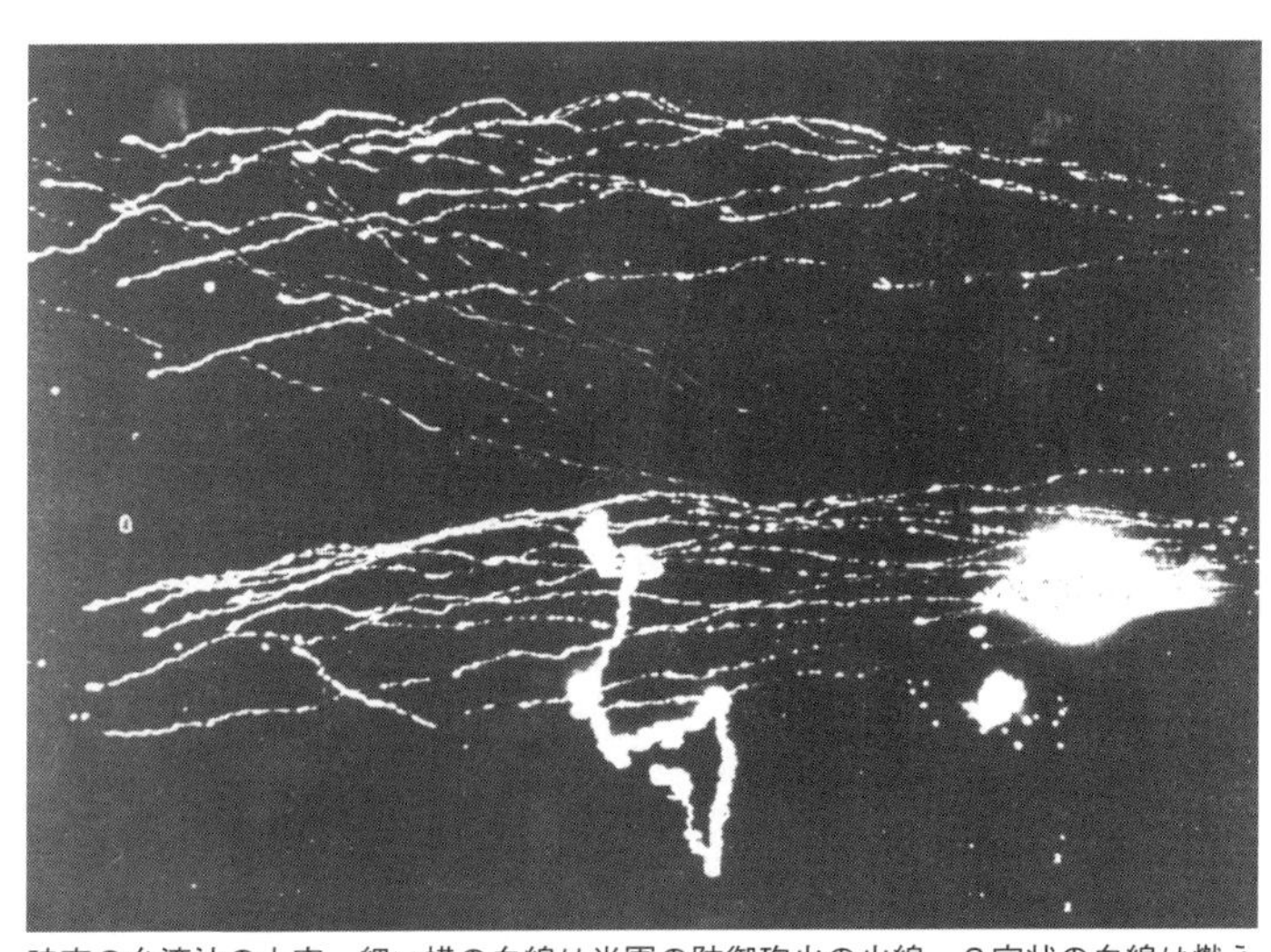

暗夜の台湾沖の上空。細い横の白線は米軍の防御砲火の火線。S字状の白線は燃え墜ちる日本軍機。

空戦の戦果は、最初のT部隊が「撃沈二隻、中破二隻、各一隻は空母の公算大」と報告してきたのをはじめ、実に華々しいものであった。

二日目の十三日、ハルゼー部隊は延べ一、〇〇〇機を飛ばして台湾各地を空襲した。再びT部隊四五機が出撃、一八機が未帰還となったが、その戦果報告は「正規空母二、三隻を含む空母三ないし五隻を轟沈、あるいは撃沈」という、前日をさらに上回る大戦果であった。

十四日もハルゼー部隊の台湾空襲は行われたが、その規模は二五〇機前後という〝小規模〟なものだった。連合艦隊司令部では、これをT部隊の攻撃が効を奏して米軍に相当な損害を与えているからだと判断、最後の止めをさすべく三波四五〇機を出撃させた。そして驚くべきことに一三九機を失いながらも

「空母八隻、巡洋艦三隻、戦艦一隻を撃沈した」と報告してきた。もはや米機動部隊は壊滅したも同然である。そして大本営は四日間にわたる戦果を大々的に発表した。

我部隊は十月十二日以後、連日連夜台湾及びルソン東方海面の敵機動部隊を猛攻し、その過半の兵力を壊滅しこれを潰走せしめた。

一、我方の収めたる戦果総合次の如し。

轟撃沈・空母一一、巡洋艦三、巡洋艦若しくは駆逐艦一。

撃破・空母八、戦艦二、巡洋艦四、巡洋艦若しくは駆逐艦一、艦種不詳一三。

その他火焔火柱を認めたるもの一二を下らず。

撃墜一一二機。

一、我方の損害・飛行機未帰還三一二。本戦闘を台湾沖航空戦と呼称す。

真珠湾以来の、というより航空戦史上最大の勝利である。玉砕のニュースばかりで沈み込んでいた日本中が沸き返った。東京と大阪では勝利を祝う「戦勝祝賀国民大会」が繰り返し挙行され、小磯首相は「フィリピン決戦前のこの大戦果は天佑神助、勝利は今やわが頭上にあり」と喜びの声をあげた。天皇は連合艦隊に対して御嘉賞の勅語を賜った。フィリピンに展開している諸部隊も大祝賀会を催し、隠し芸を披露し、流行歌を歌って大勝利を祝ったのだった。

## 我が艦隊は「敵に向かって退却しつつあり」

日本の浮かれぶりは東京ローズ（日本の対米謀略放送の女子アナウンサー）によって米軍側にも伝えられ、ハルゼー大将も聞いた。

「私の艦隊はほとんど全滅したと絶叫し、おまけに『ハルゼーを生け捕って入れるため、モンキーハウスに特別な檻ができました』と言い出す始末であった。最初は日本人の催眠術かと思っていたが、あまり騒ぎ出すので、彼らが本当にわれわれを撃滅したと信じていることが分かった」（『ハルゼー手記』）

アメリカの著名な従軍記者ハンソン・ボールドウィンも「レイテ湾海戦」（企画・戦史刊行会『コンバット２』所収）の記事中で紹介している。

まず「東京は米第３艦隊は『組織された戦闘部隊としては、もはや存在しなくなった』と断言し」、続けて「日本の一機が、わが軍が最近占領したペリリュー島上に、次のようなリーフレットを投下した。

〈向こう見ずなヤンキー諸君へ　君たちはアメリカ第58艦隊（原文のまま）によって、台湾とフィリピンの近海で行われた海戦について知っているか？　日本の強力な航空部隊は空母一九隻、戦艦四隻、各種巡洋艦および駆逐艦一〇隻を撃沈し、これとともに艦上機一二六一機を海中に葬った……〉」

実際の米軍の損害は重巡洋艦「キャンベラ」と軽巡洋艦「ヒューストン」が損傷（大破）を受け、航空機一〇〇機足らずが失われただけだった。

こうして自らの誤報を信じて浮かれる日本の連合艦隊に対してハルゼーは罠をしかけ、逆に日本艦隊の壊滅を謀(はか)った。

「彼（ハルゼー）は損傷した巡洋艦二隻と一隊の任務群を後方に残し、日本艦隊を誘い出して海上決戦に持ち込もうとして、一時、第三艦隊の大半を台湾水域から後退させた」（『ニミッツの太平洋海戦史』）

そして日本海軍はまたまた敵の策略に乗った。十月十五日、連合艦隊司令部は第五艦隊司令長官志摩清英中将に〝残敵掃討〟を命じたのだ。旗艦「那智」と巡洋艦三隻、駆逐艦七隻が出動し、さらにフィリピンのダバオ基地からは司令官有馬正文少将以下、第二六航空戦隊の一一七機も出動した。

有馬司令官は自ら階級章を外して一番機に搭乗、台湾沖で「全軍突撃」を命令したのち、敵空母めがけて突っ込み、自爆した。戦隊全体も六〇余機を失った。これは有馬司令官個人の判断による体当たり攻撃だったが、のちの神風特攻隊のさきがけともなった。

十月十六日、掃討のため〝残存機動部隊〟を探していた日本の索敵機は、台湾のはるか東方に三群の米機動部隊を発見、撃滅したはずの敵がほとんど無傷であることを確認した。ここにいたって大本営海軍部も連合艦隊も、初めて「大戦果」が誤報であることを知った。第五艦隊はただ

台湾沖の上空で幻想的な光を残して散ってゆく日本軍機。

ちに反転し、米機動部隊の攻撃から逃れた。

あわてふためく日本軍をよそに、ハルゼー大将は「ラジオ東京が全滅と報じたわが第三艦隊は全艦海中より引き揚げられ、敵に向かって退却しつつあり」と、日本軍を嘲笑する報告をハワイの太平洋艦隊司令部へ送っていた。

連合艦隊司令部は急遽、T部隊関係者などを呼び、戦果を再検討した。結果、「空母撃沈なし、せいぜい撃破数隻」と判断した。実際のところ、空母二隻に爆弾が数発命中したことは事実だが、米軍は作戦にまったく支障はなく、具体的な戦果は前記のように重巡「キャンベラ」（魚雷一発命中）と軽巡「ヒューストン」（魚雷二発命中）を中破、あるいは大破という程度だったのである。

これに対して、三〇〇機以上を失った日本軍の航空兵力はガタ落ちとなった。大勝利どころか惨憺たる敗北だったのである。大本営発表の戦果水増しは有名だが、この台湾沖航空戦の場合は水増しどころか大誤報、いや嘘報そのものであった。

## 戦局を狂わせた大誤報と海軍当局の〝戦争犯罪〟

では、なぜ、そのような大誤報が生じたのか。実は精鋭といわれていたT部隊をはじめ、当時の搭乗員たちはいずれも技量未熟、経験不足で、味方の飛行機の自爆を敵艦撃沈と見誤ったり、海面着弾を命中と誤認して司令部へ報告していた。さらに陸軍機搭乗員は艦型の識別に不慣れで、報告があいまいだったことに加え、報告を聞く上官たちもすべてを鵜呑みにして〝戦果〟を足し算していったため、米機動部隊は壊滅となってしまったのだった。

それを証した書物がある。大本営参謀だった堀栄三少佐の『大本営情報参謀の情報戦記』(文藝春秋)である。その中に、こんなくだりがある。大本営派遣参謀としてマニラに赴任途中、堀少佐は鹿児島の鹿屋基地で航空部隊の出撃と帰還状態を自ら確認していたのだ。

〈堀は、ピストでの報告を終わって出てきた海軍パイロットたちを、片っ端から呼び止めて聞いた。

「どうして撃沈だとわかったか?」

「どうしてアリゾナとわかったか?」

「アリゾナはどんな艦型をしているか?」

「雲量は?」

「友軍機や僚機はどうした?」

矢継ぎ早に出す堀の質問に、パイロットたちの答えはだんだん怪しくなってくる。『敵軍戦法早わかり』作成時の艦型による米軍艦の識別は頭にたたき込まれているから、パイロットたちの返事のあいまいさがよく分かった。

「戦果確認機のパイロットは誰だ?」

「……」

返事はなかった……〉

堀少佐は、大本営第二部長宛に「この戦果は信用できない。いかに多くても二、三隻、それも航空母艦かどうかも怪しい」という電報を打った。しかし、その報告はまったく無視され、「大戦果」が発表されたのだった。

戦後、当時の参謀たちによる座談会が開かれた（『歴史と人物』昭和六十一年夏号所載）。その中で、結果的にきわめて正確であった堀参謀の電報が、大本営陸軍部作戦担当の瀬島龍三参謀によって握りつぶされたという、衝撃的な証言がなされている。

いずれにせよお粗末な話だが、問題は真相をつかんだ海軍がそれを陸軍に伝えなかったことである。天皇の勅語まで出ており、いまさら取り消しもできなかったのだろうが、大戦果を信じ込んでいた陸軍は、それをもとに以後の作戦変更という重大な決定をしてしまうのである。

陸軍は、米軍がフィリピンに反攻してくることは確実とみて、ルソン島で迎え撃つため第一四方面軍（山下奉文司令官）は営々とその布陣を敷きつつあった。いわゆる捷一号作戦である。しかし、海軍の発表によると米機動部隊はすでに壊滅したのだから、フィリピン反攻は当分ないと確信していた。だから十月十七日に突如、米艦隊が姿を現し、スルアン島（レイテ湾入口の小島）に米軍が上陸したという海軍（そこには海軍監視哨があった）からの通報を陸軍は信じなかった。翌十八日、レイテ湾岸一帯に布陣していた第一六師団は、レイテ湾に現れた米上陸部隊を眼前にしても、まだ信じられなかった。攻撃を受ける直前の報告に言う。

「敵軍艦多数レイテ湾に進入しあるも、師団の判断としては、敵は進攻のため進入せるものなりや、あるいは暴風雨避難のため入港せるものなりや、あるいは台湾沖の戦闘において損傷を受けた一部艦船が遁入（とんにゅう）したものなりや不明である」

このとき、レイテ湾には数日前からの台風がおさまらず、三〇メートルの強風が吹き荒れていた。しかし、同日、ルソン島とビザヤ地区（ルソン島以南の島嶼）は米艦載機四〇〇機の空襲を受け、レイテ島の日本軍各飛行場も波状空襲を受けた。そこで大本営は台湾沖航空戦の大戦果を肯定しつつも、米軍上陸を想定して捷一号作戦を発動した。

十月二十日、大本営陸軍部は、「我が海軍は、先の台湾沖航空戦で米国艦隊の主力を撃破したのであるが、満身創痍のこの米軍がレイテに新作戦を開始したのは大いなる過失に属する。今こそ我が軍は、陸、海、空の戦力を集中して、敵を撃破すべきである。航空戦力は、航空基地を利用する我がほうに有利で、母艦を失った敵は不利である。従来のルソン島決戦の作戦を変更して、レイテ島に来攻した敵に対して、航空だけでなく、出来るだけ地上兵力を指向して、決戦を求める」ことになった。米機動部隊は健在、ほとんど損傷なしという事実を海軍が教えないばっかりに、こういう重大な「戦略変更」がなされたのだった。

翌十月二十一日、南方軍総司令部（寺内寿一元帥）はこの命令を受け、マニラの山下奉文第一四方面軍司令官に次のような命令を発した。

一、驕敵撃滅の神機到来せり。

二、第一四方面軍は空海軍と協力し成るべく多くの兵力を以てレイテ島へ来攻せる敵を撃滅すべし。

第一四方面軍司令部も大本営派遣参謀の堀少佐を迎え、大戦果に対する堀の投げかける疑問に対して否定する雰囲気に包まれていた。しかし、山下軍司令官だけは堀の説明を聞き、「現にいま、この上を艦載機が飛んでいるではないか？」と、同席した参謀副長に念を押すようにして、堀の説明に同意したという。

そして堀によると、大戦果のウソがはっきり確認されたのは以下のような事情からだった。

「ところが、それから間もなく重要な情報が憲兵隊から電話報告されてきた。

撃墜艦載機から落下傘降下した米軍パイロットの訊問の結果、現在ルソン島を空襲中の米航空母艦は正規空母十二隻で、その艦名も全部判明した。米軍兵士はこんなとき意外にはっきり白状するようだった。この憲兵隊情報には、作戦室の参謀一同、粛として声がなくなってしまった。西村参謀副長は唸った。堀の情報的勘がやっと数字で立証された。大本営海軍部の発表は全くの誤りで、山下将軍に最初から報告した通り米空母十二隻は健在だったのである」(堀、前掲書)

だが、大本営はもちろん南方軍もこの事実を認めなかった。

マニラからレイテまでは海上で六〇〇キロある。米機動部隊が健在な今、地上部隊の人員・兵器・食糧を満載した輸送船を無事に送り届けることは不可能に近い。だから山下軍司令官は南方軍の命令に対して、抗命罪にならない程度に抵抗したが、結局は受け入れられなかった。

堀は書いている。

「捷一号作戦とは、米軍と国運をかけての陸上決戦の名称で、元来が米軍がルソン島に進攻したとき、山下方面軍が全力でルソン島を舞台に行うよう、山下大将は此島赴任に先立って大本営陸軍作戦課と十分な打合せを終えていた。大将はこの計画に基づいて着任したのに、その十日後に台湾沖航空戦の大戦果に酔った作戦課は、『今こそ海軍の消滅した米陸軍をレイテにおいて殲滅すべき好機である』と、ルソン決戦からレイテ決戦へ急に戦略の大転換を行ってしまったのだから、山下大将は不満この上ないものとなった。同時に、航空戦の誤報を信じて軽々に大戦略を転換して、敗戦へと急傾斜をたどらせた一握りの戦略策定者の歴史的な大過失であった」(堀、前掲書）。

結局、無理に無理を重ねたマニラからレイテへの輸送「タ号作戦」は、第一師団・第二六師団・第六八旅団・第一〇二師団（一部）・第三〇師団（一部）・第八師団（一部）などを輸送したが、一隻だけの沈没ですんだのは最初の第一師団のみで、あとは大半がやられた。兵力こそ七万五、〇〇〇名を上陸させたものの、武器弾薬食糧の八割は沈められたのだった。

レイテ作戦は、海軍が誤った戦果通報を訂正しないことによって起こった作戦だった。それまでに取り決められていたルソン決戦ならば、上陸米軍に勝てたとか、被害は少なかったとか、そんな推定は意味がなく、決定的敗北に終わったことは間違いない。しかし、少なくとも輸送途上の海没とか、武器弾薬食糧が十分に揚陸されなかったために起こった、不十分な装備のままの戦闘は経験しなくてすんだはずだ。地理不案内で、戦うにも作戦の立てようがなかったことも、ルソン島なら事情は変わっていたかもしれない。戦いの帰趨がはっきりしたあと、敗残兵となった一万余りの将兵が餓死するいう修羅場もなかっただろう。

海軍の情報不開示は、陸軍の将兵に必要のない苦痛と難渋を強いたのであった。しかも、後半のルソン島攻防戦における戦力を半減させ、その戦力不足による防衛態勢の不備から起こった苛立ちは、対ゲリラ作戦に対しても住民虐殺という荒々すぎる作戦となってあらわれた。満身創痍の米軍ならば、ルソン島へやってきても迎撃できるはずだったから、反攻はそれからでも間に合う話ではあった。レイテ決戦は不要不急の戦いだった。

## 海軍の情報隠しはなぜ起こったのか

海軍のこうした情報の非訂正と真実を告げることにかけて怯懦とも思える行為は、ミッドウェー海戦敗北のころから特に顕著になっていた。航空戦に関する戦果は、ある時期から陸軍の情報参謀などからはほとんど信用されなくなっていた。海軍だけの戦争ならそれでもよかったが、陸軍はその戦果を前提として作戦をたてることが多かった。昭和十九年三月のブーゲンビル島タロキナ大攻勢も、今村均大将の第八方面軍司令部が数次にわたるブーゲンビル島沖航空戦の大戦果を信じていたことがベースになっていた。

近くではマリアナ沖海戦がある。これはふたを開けてみると、米海軍のレーダーとVT信管の威力の前になすところなく完敗した。とはいえ、敵将スプルーアンスはこの海戦に入る前に、中部太平洋海域の日本海軍の兵力配備の状況や、日本海軍がどんな作戦を立てているかをすべて承知していた。知らなかったのは、直前の日本艦隊の正確な位置だけだったといわれる。これらは福留繁連合艦隊参謀長らがセブ島でフィリピンゲリラの捕虜となった「海軍乙事件」の際、福留が海上に捨てた機密書類入りのカバンをゲリラが海中から拾い上げたことに起因している。福留らは日本軍のゲリラ討伐隊が攻撃を一時中止することと引き換えに釈放された。そして東京に帰った福留らは海軍当局から形式的な査問を受けたが、重要書類が敵側に渡ったのではないかという疑念は、福留が否定したので深くは追及しなかった。奪われた可能性を想定し、従来の作戦内容を変更したり、万一に備えるということもしなかった。

「情報なき戦い」とは、敵方の情報をいかに手に入れるか、あるいは味方の情報をいかに敵に盗まれないようにするか、という問題が第一に頭に浮かぶ。しかし、実際は外務省の日米断交の電報をはじめ、ミッドウェー作戦以後のほとんどの海軍情報がアメリカに筒抜けになっていたという事実を戦後の日本人は知り、愕然となった。これに加えて、味方内部で戦いを有利に運ぶための情報伝達が、決定的瞬間に至っても円滑さを欠いていたという問題は、暗号解読以上に深刻な大問題ではなかろうか。

『レイテ戦記』の作者・大岡昇平は、海軍が冒した過失について、次のように述べている。

「民主主義国家でも軍部という特殊集団には、いつも形骸化した官僚体系が現われる。夥しい文書化された命令、絶えず書き改められる指導要綱、『機密』『極秘』書類の洪水が迷路を形成する。外部の容喙は許されないし、また不可能である。内部の部課同士の間でも理解不能なのだから」

　さらに、こう続ける。

「海軍は昭和十九年には、日米戦力の比が一〇対一になることを知っていたといってよいくらいまで、的確に予想していた。それなのに開戦に対して『否』といえなかった。いまさら軍備が不十分だ、と天皇と国民の前でいえなかったからだといわれる。しかしこれは軍令部総長の自尊心と心の弱さだけに帰することはできない。日本海軍全体がそういう合理的な動きができないほど老朽化していたのである。サイレント・ネイヴィの沈黙の内側は空虚だったのだ」と。

## 第十二章　伊五八潜水艦の完勝

# 原爆搭載艦「インディアナポリス」の轟沈

### 同じ日に出港した重巡「インディアナポリス」と伊五八潜水艦

米軍が日本に落とした原爆には二種類あった。初めて広島に落としたのはウラン爆弾で、次に長崎に落としたのはプルトニウム爆弾だった。

一九四五年（昭和二十）七月十六日に、アメリカのニューメキシコ州アラモゴードで行われた世界初の原爆実験に使われたのは、長崎型のプルトニウム爆弾だった。実験は成功し、その凄まじい破壊力を見せつけた。実験を目のあたりにした原爆開発計画（マンハッタン計画）の責任者レスリー・R・グローブス少将は、傍らにいた副官のファレル准将につぶやいた。

「戦争は終わりだ。これを一、二発落とせば、日本もそれまでだ」

おりしもドイツのポツダムでは、米英ソ三国首脳が日本の降伏に関する会談をするために集まっていた。ルーズベルト大統領の死去で、はからずも副大統領から〝昇格〟したトルーマン新大統領は、原爆実験成功を知らされるや、躊躇なく日本への投下を決定した。

ところがそのとき、実はウラン二三五を使った広島用の原爆は、すでに前線基地のマリアナ諸島に向けて運ばれつつあったのだ。

俗に「リトルボーイ（小僧）」と呼ばれたウラン二三五爆弾は、ロスアラモスの原子力研究所でのテストのみで、完全な爆弾としての実験は一度も行われなかった。グローブス少将は回顧録『原爆はこうしてつくられた』（恒文社）に書いている。

「というのは、U二三五の生産はプルトニウムにくらべてひじょうに遅々たるものだったので、テストにまでまわす余裕などなかった」からだと。しかし「考えおよぶ可能な要素のテストは一つのこらずやっていた。われわれはその一つ一つに確信を持っていた」し、「成功疑いなしという徴候は十分にあったので」、いわばぶっつけ本番で投下することを決めたのだという。

このためウラン爆弾の主要な部分は長崎型のプルトニウム爆弾の実験結果を待たずに、原爆投下機B29の基地であるマリアナ諸島のテニアン島に運ばれることになったのだ。この爆弾こそが広島を一瞬のうちに壊滅させた原爆だったのである。

一九四五年七月十四日、テニアン島に運ばれるリトルボーイの主要部分を乗せた黒塗りのトラックが、ロスアラモスを出発した。ウラン原爆は長さ四・五メートルの木箱（中身は原爆内部の大砲）と、高さ六〇センチ、直径四六センチ、内側に鉛を敷いた円筒（中身はウランの弾丸）に分けて入れられていた。

トラックは前後を七台の乗用車でガードされて、アルバカーク飛行場（ニューメキシコ州）にたどり着いた。そこで原爆と護衛隊は三機のＤＣ３に乗り換え、サンフランシスコのハミルトン飛行場に飛んだ。そして待ち受けた治安部隊に守られて、重巡洋艦「インディアナポリス」の待つハンターズ・ポイントに運ばれた。

七月十六日の朝八時、木箱と円筒を積み込んだ「インディアナポリス」はあたふたと出航した。ちょうどそのころ、アラモゴードの原爆実験場では、初のプルトニウム爆弾が見事に爆発し、研究者たちは歓喜につつまれていた。そして歴史は時に悪戯をするのだろうか、ほとんど同じ時刻に、一万三、〇〇〇キロも離れた広島市に隣接する呉軍港から一隻の潜水艦が出撃していた。艦橋の横に措かれた日の丸の上には、黒地に白の菊水を染め抜いた紋所を掲げている。艦長の出航の号令が飛ぶや、さっと「非理法権天」「宇佐八幡大武神」と大書された二旗の旗が艦橋にひるがえった。潜水艦は海中特攻艇「回天」六隻を搭載した大型の「伊号第五八」で、潜水艦長は橋本以行（はしもともちつら）少佐（のち中佐）といった。

重巡「インディアナポリス」はゴールデンゲート橋をくぐり抜け、艦長のチャールズ・バトラー・マックベイ大佐の鳴らす全速航行の鐘を合図に速力を上げ、二九ノットで外洋に向かった。

出航の前日、マックベイ大佐はロスアラモスの原子力研究所からやってきた爆薬の専門家であるウィリアム・S・パーソンズ海軍大佐から、積み荷の件で厳重に言い渡されていた。

広島に落とした原爆「リトルボーイ」の部品をテニアン島に運んだ米重巡「インディアナポリス」号。

広島に落とされた原爆「リトルボーイ」。

「いいですか、全速力でテニアン島に行き、荷物を受取人に渡していただきたい。何の荷物かは言えないが、たとえ艦が沈んでも荷物は守らなくてはならない。万が一艦が沈没する事態を招いたときは、救命ボートに積んででも救わなければなりません。あなたの艦の航海が一日縮まれば、戦争の期間も一日縮まることになります」

マックベイ大佐の「インディアナポリス」が大役に選ばれたのは、偶然からだった。

同艦は第五艦隊司令長官スプルーアンス大将の旗艦だったが、先の沖縄戦で神風特攻機の体当たり攻撃を受けて九人の乗組員が犠牲になり、船体にも二つの大きな穴が開いてしまった。そのためアメリカ西海岸で最大の修理工場メヤー・アイランドで修復され、カリフォルニア沖で新たに乗組員になった新入りたちの訓練と演習を繰り返していたところだった。一九三二年の竣工だからそうとうの年寄りではあるが、九、九五〇トン（基準排水量）という大きさと、巡洋艦の高速、そしてなによりも一番手近にいたということが大役に選ばれた理由だった。

## 伊五八潜が潜む海面に突き進む重巡「インディアナポリス」

「インディアナポリス」は順調に航海を続け、七月十九日にはハワイの真珠湾に着き、一息入れてただちに出航し、七月二十六日に無事テニアン島に入港することができた。荷揚げは簡単だったから、ナゾの荷物を空軍当局に渡すと「インディアナポリス」は隣のグアム島に向かい、しばしの休養ののち二十九日に錨を揚げて艦隊に合流するためフィリピンのレイテ島に舳先を向けた。

「インディアナポリス」がテニアン島を離れたころ、橋本少佐の伊五八潜はフィリピンとマリアナ諸島を結ぶ海域で交通破壊戦に従事していた。呉を出撃した翌七月十七日、伊五八潜は山口県の柳井に近い平生の特攻隊基地で六基の人間魚雷「回天」と六名の隊員を収容すると、一路南下していた。任務は「比島東方海面で敵艦を攻撃する」ことである。

橋本潜水艦長が戦後に著した『伊58潜帰投せり』によれば、「敵の重要基地をレイテ、サイパン、沖縄、グアム、パラオ、ウルシーと考えて、これを結ぶ航路の交叉点で待機するにかぎると判断した。だが大洋上に幅二万メートルくらいの手を拡げて通せんぼをしてみても、なかなかむずかしいのはわかりきっている。けれども今度は回天を載せているから、静かで昼間でさえあれば『みつけたら逃さないぞ』と張り切っていた」という。

だが、サイパン—沖縄線に着いて待ったけれども敵影はなく、沖縄—グアム線に移っても敵影はない。そして七月二十七日、伊五八潜はグアム—レイテ航路に移動して西航していると、二十八日の午後二時、三本マストの大型油槽船を発見した。

橋本少佐はただちに「回天戦用意!」「魚雷戦用意!」を下命し、二基の人間魚雷を発進させた。艇長は一号艇が伴中尉、二号艇が小森一飛曹といった。戦果は激しいスコールに遮られて目視はできなかったが、聴音によって爆発音が捉えられ、攻撃は成功したものと判断した。

橋本艦長は全乗組員とともに二人の特攻隊員の冥福を祈り、レイテとグアムを結ぶ米艦船の通常航路と、パラオ諸島のペリリュー島と沖縄を結ぶ航路の交叉海面に艦を移動した。グアムから九六〇キロの位置である。七月二十九日だった。

日が沈み、橋本少佐は月が出る午後一〇時過ぎまで潜航することにし、当直の乗員を残して三分の二は仮眠に入った。

同じころ、「インディアナポリス」のマックベイ艦長も、当直将校にジグザグ航行を中止してもよろしいと運命的な命令を出して、艦橋のすぐそばの自室のベットに入った。夕方になって海はうねりを増し、視界も良くなかったからだろう。そして「インディアナポリス」は伊五八潜のいるグアム島とレイテ島を結ぶ航路を時速一六ノットで一直線に進んでいった。このとき、二つの艦の間は二〇キロにも満たない距離だった。

午後十時半、橋本艦長は哨戒長に起こされて司令塔に登った。潜望鏡を上げて観測をする。周囲に異常は認められない。対空電探を水面に出したが何の反応もない。橋本艦長は浮上を命じた。そして夜間用の潜望鏡を目いっぱい高くして四囲を見回した。そのとき、艦橋に登って双眼鏡で探索していた航海長が叫んだ。

「艦影らしきもの左九〇度！」

橋本艦長は艦橋に飛び上がり、双眼鏡を目に当てた。月に映える水平線上にはっきりと黒点が見える。

「潜航！」

「インディアナポリス」を轟沈した伊58潜水艦。

橋本艦長は間髪を入れずに叫んだ。伊五八潜は海面から一〇メートル下で水平を保ち、近付いてくる艦艇に艦首を向けるためにゆっくりと取舵をとった。すなわち艦首を左方に向けるための舵取りで、右方に向けるときの舵取りは面舵（おもかじ）という。もちろん舵取りの間も橋本艦長は潜望鏡の接眼レンズに目をぴたっとくっつけたきりだった。その涙でぼやけがちな両眼に、黒い点は次第に三角形になってきた。これは商船ではない。もっと大きい艦だ。橋本艦長は「しめた！」と心の中で叫んだ。

　橋本艦長は矢継ぎ早に命令を発し始めた。

「魚雷戦用意！　発射雷数六」「回天戦用意！」

　そのとき不安がよぎった。こちらに一直線に向かってくる敵艦は、わが艦を発見した敵駆逐艦で、爆雷攻撃をしようとしているのではないか……。しかし、橋本艦長は不安をかみ殺して命令を続けた。

「魚雷連続発射用意」「回天六号乗艇、回天五号待機」

　黒点は次第に大きくなり、敵艦との距離は八、〇〇〇メートルを切った。橋本艦長は相手のマストの高さを三〇メートルと見当を付けた。重巡か戦艦に間違いない、そう思った。

## 伊五八潜から発射された六本の酸素魚雷

　時刻は一九四五年七月二十九日の午後一一時四五分を回り、三十日の午前零時に近付いていた。伊五八潜から二、五〇〇メートル離れた「インディアナポリス」艦内では、午前零時から四時までの哨戒班が艦橋に到着、前任グループとの交代式が行われた。そして将校と下士官兵一三名からなる新たな哨戒班が針路と速力の監視を開始した。

　橋本艦長は相変わらず潜望鏡にしがみついていた。そして魚雷発射時の予想距離を二、〇〇〇メートル、方位角右四五度、敵艦の速度一二ノットと読んだ。しかし、少佐は伊五八潜の艦首を敵艦に向けてさらに待った。

「方位角右六〇度、距離一、五〇〇メートル」

調定を変更する。

「用意」「射てッ！」

六本の魚雷は二秒間隔で扇型に発射された。日本時間では七月二十九日二三時二六分、現地時間では午前零時二分であった。少佐は潜望鏡に目を押しつけたまま秒読みを続けた。

「五一、五二、五三……」

長い長い一分間が過ぎて行く。

同時刻、「インディアナポリス」の艦橋で哨戒任務に就いている将校の一人が、艦の進行方向に月が昇ったのを見て「視界が良くなってきたぞ」とつぶやいた。その艦橋の下の甲板では、数百人の乗組員がうだるような暑さを避けてマットレスと毛布だけで眠っていた。右舷艦首寄りの船室の一つではパーティが終わりかけていた。そして艦橋の後ろの応急船室では、マックベイ艦長がベッドに裸で眠っていた。

その「インディアナポリス」号を、突然、激しい衝撃が襲った。同時に艦首一番砲塔の右側から巨大な水柱と炎が立ち上り、続けて後方の一番砲塔の真横からも炎と水柱が立ち上った。さらに二番砲塔の真横から前艦橋にかけても三本目の水柱と炎が立ち上り、「インディアナポリス」はまたたく間に炎に包まれて右舷に傾きだした。一時は呆然としていた乗組員たちだったが、ただちに非常事態の処理に走り始めた。しかし、もう手の付けようがなくなっていた。艦内に海水があふれ出し、次第に艦尾が空中に持ち上がり、巨大な艦体が海面に宙づりになったかのように逆立ちした。そして次の瞬間、乗組員を周辺一帯にまき散らしながら、ドドドドドォーッと海中に姿を消していった。轟沈である。一九四五年七月三十日午前零時一四分であった。

潜望鏡に目を当てていた橋本艦長は戦後の回顧録に記している。

「艦首一番砲塔の右側に水柱らしきもの、続いてその後方一番砲塔の真横に水柱が上がると見るや、パッと真赤な火を発した。続いて上る第三番目の水柱は二番砲塔の真横から前艦橋にかかっている。三本の水柱は火に映えて明らかに前部楼檣より高く並立した。思わず、

『命中、命中！』

と一本当るごとに叫んだ。いち早く艦内に伝えられ、乗員のすべてはおどり上ってよろこんだ」

間もなく伊五八潜の艦内に敵艦の誘爆音らしい音が響いてきた。魚雷が命中したときの爆発音より大きい。四つ連続で聞こえ、さらに爆発音は続いた。橋本艦長は二本の魚雷装塡を命じ、発射準備ができたのを確認して潜望鏡を上げた。何も見えない。そして敵艦が沈没したと思われる海面に艦を進め、浮上した。聴音や探信の報告から判断して敵艦の沈没は間違いないと思ったが、証拠が欲しかった。しかし、夜の海上から漂流物を発見することはできなかった。

「心には残ったが、敵の僚艦、僚機の来襲のことも考えて一路東北へ移動、次の戦闘準備を完了するため約一時間水上を走ったのち潜航した。まさかこれが数日後、広島、長崎を一瞬にして壊

大津島の特攻基地を出撃するにあたって司令の訓示を受ける回天特攻隊「金剛隊」の面々。前列左端が橋本以行艦長。

滅させた世紀の新兵器原爆をテニヤン島に揚げた米重巡インディアナポリス号とは、神ならぬ身の知るよしもなかった」

この日の「インディアナポリス」は護衛艦なしの単独航行の上、魚雷攻撃で電気系統が故障して救難信号のSOSを発信することができなかった。そのため沈没の事実は八二時間も知られないままで、海上に逃れた乗組員は次々と命を落としていった。そして最初の救助船が数少ない生存者を海面から救い上げ始めたのは、なんと沈没してから九六時間も経ってからだった。救助されたのは乗組員一、一九九名のうち艦長以下三一五名で、わずか二六パーセントに過ぎなかった。

## アメリカの軍事法廷に立たされた橋本艦長

「インディアナポリス」の沈没は第二次世界大戦で米軍が失った最後の巨艦であり、その沈没は米海軍史上最悪の惨事とされた。だが、米政府とロスアラモスの原子力研究者たちには別の衝撃を与えていた。原爆搬送の機密が日本軍に漏れていたのではないかという疑惑である。すなわち、日本軍は原爆のマリアナ輸送の情報をつかみ、原爆もろとも「インディアナポリス」を撃沈するため、あらかじめマリアナ諸島一帯に潜水艦網を張り巡らせて待ち構えていたのではないかという疑念だった。その疑惑は日本が降伏したあとも続き、米軍は戦後、橋本艦長をワシントンに招き、ジグザク航行をさせなかったなど職務怠慢で起訴されていた「インディアナポリス」艦長だったマックベイ大佐の軍法会議の証人として出廷させ、情報の真偽を確かめている。

伊五八潜は終戦の玉音放送があった一九四五年八月十五日は、豊後水道に入って母港の呉軍港を目指していた。呉に入港したのは八月十八日で、以後、橋本艦長は伊五八潜に残り、司令代理を兼ねて残存艦の米軍引き渡し作業の準備に追われていた。そうした四五年十月、米海軍の潜水艦調査団が呉を訪れ、さまざまな調査を開始した。その中には「米軍の巡洋艦を撃沈した潜水艦長の記録」という項目もあった。

「私はその時、各潜水艦長の最近の撃沈艦艇についての記録を提出したことがあった。戦犯にされるから報告しない方がよいという者もあったが、戦争で敵艦を撃沈するのは当たり前で、戦犯などになるまいと思って各潜水艦長の記録を出したのだった」（『伊号58帰投せり』）

ところが十一月に入ったある日、「ワシントンの軍事法廷に証人として出廷するため、ただちに出張の準備を整えて上京せよ」という海軍省からの電命を受けた。こうして中佐に昇進していた橋本艦長は上京し、米海軍中尉の案内で旧木更津海軍航空隊基地からダグラスＤＣ54輸送機でアメリカに送られた。奇しくもその日は、日本の空母機動部隊がハワイ真珠湾の米太平洋艦隊を奇襲した日から丸四年目の一九四五年十二月七日の午後だった。

ワシントンには十二月十日に着き、海軍基地内で検事の大佐からさまざまな事前質疑を受けた。「インディアナポリス」の発見状況も含めて、その内容を橋本中佐は「なにかあらかじめ情報を入手しておって待ちかまえたのではないか。どういう理由であの海面におったか」と聞くから、「ただ多くの敵と出会いそうなところにおったに過ぎない」と返答し、撃沈までのいきさつを詳しく説明した。隠す理由はなかったからである。その説明に検事の大佐も納得し、ホッとしたのか、通訳官を通してこんなことを言った。

「貴君は戦犯でも捕虜でもない。海軍中佐の待遇をするのだから申し出ることがあればいつでも電話をしてくれるように」

それを聞いた橋本中佐は、さっそく要望した。

「日本を出発するときは、国内の事情によって服装が整えられなかったので、服装を整えたい」

実際、よれよれのシャツにズボンだったたから、このまま法廷に立って多くのアメリカ人に身をさらすことを思うと情けなかったからだった。要望は即座に認められ、帽子、靴、白いシャツから日用品に至るまで部屋に届けられた。

アメリカ海軍の軍事法廷は十二月十三日から開始された。日本側が事前に「インディアナポリス」の原爆積載情報を知らなかったことを確認できたためか、討議の中心は「インディアナポリス」がジグザク運動をしていたかどうかに集中された。橋本中佐は「大角度は認めないが、小角度のはあったかもしれない、夜間では明瞭に判定し難い」と証言したが、通訳の中佐が「おおむね直線航路」と訳したので、橋本中佐は再三にわたって抗議をした。しかし「簡単でよろしいのだ」と言い、取り合わなかった。このとき「インディアナポリス」艦長だったマックベイ大佐は職を解かれ、階級も降格させられていたから、法廷としては橋本中佐に無罪につながる証言をされては困ると考えていたのかもしれない。

　裁判は十二月十九日に終わった。橋本中佐は二十九日に帰国の途につくまで、海兵隊少尉の案内で基地内を見学したり、ジグソウパズルで暇をつぶしたりしていた。ワシントンに着いてから世話役をしてくれている海兵隊のコドレー大尉が、家族への土産物を買ってくれた。橋本中佐は回顧録『伊58潜帰投せり』に書いている。

「子供の革靴を示してコドレー大尉が『日本にはこのようなものがないか』という。『日本では底は紙だ』と答えると『米国にはなんでもある。日本はなぜそのように物がないのに戦争を始めたのか』という。一言も返す言葉がない。強いていえば、『物がないから戦争したのだ』と言いたいが、下手な英語では表現がむつかしい」

　橋本中佐が米軍艦艇で横須賀に着いたのは昭和二十一年（一九四六）一月二十一日だった。言ってみれば、この日が伊五八潜艦長にとっては、真の帰投日だったともいえる。

# あとがき

戦前の日本政府は「大東亜戦争」と呼び、戦後の日本では「太平洋戦争」という呼び方が一般化した先の戦争に対し、現在は満州事変を発端として昭和二十年（一九四五）八月に終わった〝戦争の時代〟を一括して「十五年戦争」と呼ぶ人や、日中戦争（支那事変）と対米英蘭戦争は一体化したものとして捉え、「アジア・太平洋戦争」と呼ぶ人たちもいる。このように呼称はさまざまあるが、その対象とする戦争は日本と中国が戦った満州事変であり、日中戦争であり、対米英蘭戦争である。これらの戦争はいずれも密接なつながりを持っており、原因と結果の関係にある。そうした意味で「十五年戦争」であり、「アジア・太平洋戦争」なのである。

私がフリーライターの皆さんと「太平洋戦争研究会」というグループをスタートさせたのは昭和四十五年（一九七〇）のことだった。その目的は、対米英蘭戦争に従軍した日本兵の体験談を取材し、週刊誌に連載記事を掲載するためだった。この場合の「太平洋戦争」は昭和十六年（一九四一）十二月八日のハワイ真珠湾攻撃で始まり、昭和二十年八月十五日に降伏した戦いに限定したものであった。記事は「最前線に異常あり」という総合タイトルで一年間、五〇回掲載された。この連載記事を発端に、研究会は多くの元軍人、軍事史研究者や近現代史研究者の皆さん、出版編集者の皆さんの協力も得て、現在に至るまで数多くの出版物を世に問うことができた。

ここに収録した情報戦に関するさまざまな事件や戦闘も、その始めは小生も含めた太平洋戦争研究会のメンバーが取材したものが大半で、その概要は前記の出版物でも紹介したものが多い。そうした意味で、本書は小生の著書ではなく、編著書なのです。

平塚柾緒

二〇一六年七月

【著者】
平塚　柾緒　（ひらつか・まさお）
1937年茨城県生まれ。取材・執筆・編集グループである太平洋戦争研究会、近現代フォトライブラリー主宰。主な著書に『ブラック・チェンバー』（訳・荒地出版社）、『ＧＨＱ知られざる諜報戦・新版ウィロビー回顧録』(編・山川出版社)、『ヤマモト・ミッション』（ＰＨＰ研究所）など多数。近著に『写真で見るペリリューの戦い』（山川出版社）、『玉砕の島々』『日本空襲の全貌』（いずれも洋泉社）、『八月十五日の真実』（ビジネス社）などがある。

〈写真協力＆出典〉
アメリカ国防総省
アリゾナ記念館
大本営陸軍報道部
大本営海軍報道部
『写真週報』編集部
近現代フォトライブラリー

**太平洋戦争裏面史　日米諜報戦（スパイ）**

2016年８月13日　第１刷発行

著　者　平塚柾緒
発行者　唐津　隆
発行所　株式会社ビジネス社
〒162－0805　東京都新宿区矢来町114番地　神楽坂高橋ビル５Ｆ
電話　03－5227－1602　FAX 03－5227－1603
URL　http://www.business-sha.co.jp/

〈カバーデザイン〉常松靖史（チューン）
〈本文DTP〉茂呂田　剛（エムアンドケイ）
〈印刷・製本〉モリモト印刷株式会社
〈編集担当〉本田朋子　〈営業担当〉山口健志

© Masao Hiratsuka 2016 Printed in Japan
乱丁・落丁本はお取り替えいたします。
ISBN978-4-8284-1902-2